EBS랑 홈스쿨
초등 필수
영단어
LEVEL 1

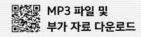

**MP3 파일 및
부가 자료 다운로드**

정답, MP3 파일 및 부가 자료는 EBS 초등사이트(primary.ebs.co.kr)에서 다운로드 받으실 수 있습니다.

| 교 재 내 용 문 의 | 교재 내용 문의는 EBS 초등사이트 (primary.ebs.co.kr)의 교재 Q&A 서비스를 활용하시기 바랍니다. | 교 재 정 오 표 공 지 | 발행 이후 발견된 정오 사항을 EBS 초등사이트 정오표 코너에서 알려 드립니다. 교재 검색 ▶ 교재 선택 ▶ 정오표 | 교 재 정 정 신 청 | 공지된 정오 내용 외에 발견된 정오 사항이 있다면 EBS 초등사이트를 통해 알려 주세요. 교재 검색 ▶ 교재 선택 ▶ 교재 Q&A |

EBS랑 홈스쿨 초등 필수 영단어

STUDY LOG

 기본학습 펭수를 주인공으로 하는 이야기와 삽화로 Day별 단어를 연상하며 익혀 봐요!

 반복학습 전날 공부한 Day별 단어를 다시 한 번 복습하거나 랜덤 테스트기를 이용해 테스트해요!

 누적학습 5개 Day씩 공부한 단어와 문장을 복습할 수 있는 다양한 유형의 문제를 풀어서 실력을 확인해 봐요!

30일(6주) 완성 학습 진도점검표

일차별 학습을 끝내고 나서 네모 안에 완료 표시(V)를 해 보세요.

1주차

	1일차 ☐	2일차 ☐	3일차 ☐	4일차 ☐	5일차 ☐	1~5일차 누적학습 ☐
기본학습	DAY 01 맞힌 개수 ☐ / 틀린 개수 ☐	DAY 02 맞힌 개수 ☐ / 틀린 개수 ☐	DAY 03 맞힌 개수 ☐ / 틀린 개수 ☐	DAY 04 맞힌 개수 ☐ / 틀린 개수 ☐	DAY 05 맞힌 개수 ☐ / 틀린 개수 ☐	Wrap Up 5 Days 맞힌 개수 ☐ 틀린 개수 ☐
반복학습		DAY 01 맞힌 개수 ☐ / 틀린 개수 ☐	DAY 02 맞힌 개수 ☐ / 틀린 개수 ☐	DAY 03 맞힌 개수 ☐ / 틀린 개수 ☐	DAY 04 맞힌 개수 ☐ / 틀린 개수 ☐	

2주차

	6일차 ☐	7일차 ☐	8일차 ☐	9일차 ☐	10일차 ☐	6~10일차 누적학습 ☐
기본학습	DAY 06 맞힌 개수 ☐ / 틀린 개수 ☐	DAY 07 맞힌 개수 ☐ / 틀린 개수 ☐	DAY 08 맞힌 개수 ☐ / 틀린 개수 ☐	DAY 09 맞힌 개수 ☐ / 틀린 개수 ☐	DAY 10 맞힌 개수 ☐ / 틀린 개수 ☐	Wrap Up 5 Days 맞힌 개수 ☐ 틀린 개수 ☐
반복학습	DAY 05 맞힌 개수 ☐ / 틀린 개수 ☐	DAY 06 맞힌 개수 ☐ / 틀린 개수 ☐	DAY 07 맞힌 개수 ☐ / 틀린 개수 ☐	DAY 08 맞힌 개수 ☐ / 틀린 개수 ☐	DAY 09 맞힌 개수 ☐ / 틀린 개수 ☐	

3주차

	11일차 ☐	12일차 ☐	13일차 ☐	14일차 ☐	15일차 ☐	11~15일차 누적학습 ☐
기본학습	DAY 11 맞힌 개수 ☐ / 틀린 개수 ☐	DAY 12 맞힌 개수 ☐ / 틀린 개수 ☐	DAY 13 맞힌 개수 ☐ / 틀린 개수 ☐	DAY 14 맞힌 개수 ☐ / 틀린 개수 ☐	DAY 15 맞힌 개수 ☐ / 틀린 개수 ☐	Wrap Up 5 Days 맞힌 개수 ☐ 틀린 개수 ☐
반복학습	DAY 10 맞힌 개수 ☐ / 틀린 개수 ☐	DAY 11 맞힌 개수 ☐ / 틀린 개수 ☐	DAY 12 맞힌 개수 ☐ / 틀린 개수 ☐	DAY 13 맞힌 개수 ☐ / 틀린 개수 ☐	DAY 14 맞힌 개수 ☐ / 틀린 개수 ☐	

4주차

	16일차 ☐	17일차 ☐	18일차 ☐	19일차 ☐	20일차 ☐	16~20일차 누적학습 ☐
기본학습	DAY 16 맞힌 개수 ☐ / 틀린 개수 ☐	DAY 17 맞힌 개수 ☐ / 틀린 개수 ☐	DAY 18 맞힌 개수 ☐ / 틀린 개수 ☐	DAY 19 맞힌 개수 ☐ / 틀린 개수 ☐	DAY 20 맞힌 개수 ☐ / 틀린 개수 ☐	Wrap Up 5 Days 맞힌 개수 ☐ 틀린 개수 ☐
반복학습	DAY 15 맞힌 개수 ☐ / 틀린 개수 ☐	DAY 16 맞힌 개수 ☐ / 틀린 개수 ☐	DAY 17 맞힌 개수 ☐ / 틀린 개수 ☐	DAY 18 맞힌 개수 ☐ / 틀린 개수 ☐	DAY 19 맞힌 개수 ☐ / 틀린 개수 ☐	

5주차

	21일차 ☐	22일차 ☐	23일차 ☐	24일차 ☐	25일차 ☐	21~25일차 누적학습 ☐
기본학습	DAY 21 맞힌 개수 ☐ / 틀린 개수 ☐	DAY 22 맞힌 개수 ☐ / 틀린 개수 ☐	DAY 23 맞힌 개수 ☐ / 틀린 개수 ☐	DAY 24 맞힌 개수 ☐ / 틀린 개수 ☐	DAY 25 맞힌 개수 ☐ / 틀린 개수 ☐	Wrap Up 5 Days 맞힌 개수 ☐ 틀린 개수 ☐
반복학습	DAY 20 맞힌 개수 ☐ / 틀린 개수 ☐	DAY 21 맞힌 개수 ☐ / 틀린 개수 ☐	DAY 22 맞힌 개수 ☐ / 틀린 개수 ☐	DAY 23 맞힌 개수 ☐ / 틀린 개수 ☐	DAY 24 맞힌 개수 ☐ / 틀린 개수 ☐	

6주차

	26일차 ☐	27일차 ☐	28일차 ☐	29일차 ☐	30일차 ☐	26~30일차 누적학습 ☐
기본학습	DAY 26 맞힌 개수 ☐ / 틀린 개수 ☐	DAY 27 맞힌 개수 ☐ / 틀린 개수 ☐	DAY 28 맞힌 개수 ☐ / 틀린 개수 ☐	DAY 29 맞힌 개수 ☐ / 틀린 개수 ☐	DAY 30 맞힌 개수 ☐ / 틀린 개수 ☐	Wrap Up 5 Days 맞힌 개수 ☐ 틀린 개수 ☐
반복학습	DAY 25 맞힌 개수 ☐ / 틀린 개수 ☐	DAY 26 맞힌 개수 ☐ / 틀린 개수 ☐	DAY 27 맞힌 개수 ☐ / 틀린 개수 ☐	DAY 28 맞힌 개수 ☐ / 틀린 개수 ☐	DAY 29 맞힌 개수 ☐ / 틀린 개수 ☐	

EBS랑 홈스쿨 초등 필수 영단어

LEVEL 1

새 교육과정에서
가장 중요하고
가장 많이 나오는
영단어와 예문 수록

하루 10~14개 단어를
4단계 학습으로
30일 만에
영단어 학습 완성

Day 별로
5번 외우고,
5번 듣고, 5번 쓰는
반복 학습 프로그램

펭수와 스토리로
영단어를 공부하는
연상형
단어 학습서

Level 1

Day 01 family / father / mother / sister / brother / grandfather / grandmother / my / baby / child **Day 02** hi / hello / bag / good / meet / friend / morning / afternoon / evening / night **Day 03** face / hand / leg / ear / nose / eye / mouth / foot / head / body **Day 04** this / that / bed / book / desk / door / lamp / chair / window / bookcase **Day 05** go / come / up / down / sit / stand / stop / dog / ball / touch **Day 06** buy / doll / pen / ruler / crayon / eraser / pencil / notebook / scissors / glue stick **Day 07** color / red / blue / pink / black / green / white / orange / purple / yellow **Day 08** one / three / four / five / six / seven / eight / nine / eleven / twelve **Day 09** fruit / apple / grape / banana / strawberry / vegetable / carrot / potato / tomato / like **Day 10** cat / cow / bird / duck / horse / mouse / rabbit / chicken / butterfly / sing **Day 11** big / small / fat / slim / old / young / tall / short / heavy / light **Day 12** wear / cap / hat / coat / pants / shoes / skirt / socks / T-shirt / expensive **Day 13** cup / dish / fork / spoon / album / brush / clock / watch / mirror / thing **Day 14** here / there / where / in / on / under / behind / between / next to / in front of **Day 15** eat / rice / bread / salad / steak / cheese / breakfast / lunch / dinner / delicious **Day 16** drink / hot / cold / tea / milk / water / juice / coffee / thirsty / coin **Day 17** nature / sky / star / sun / moon / river / cloud / mountain / rainbow / look at **Day 18** class / art / P.E. / math / science / music / history / Korean / English / interesting **Day 19** see / zoo / animal / bear / lion / tiger / turtle / giraffe / monkey / elephant **Day 20** fly / run / walk / swim / dance / dive / kick / jump / climb / skate **Day 21** make / bake / open / close / fix / clean / wash / hang / trash / take out **Day 22** by / car / bus / ride / bike / train / ship / subway / airplane / on foot **Day 23** far / near / park / bank / school / bakery / hospital / bookstore / restaurant / supermarket **Day 24** play / win / lose / game / soccer / tennis / baseball / basketball / badminton / volleyball **Day 25** weather / rainy / sunny / cloudy / snowy / stormy / windy / foggy / umbrella / outside **Day 26** cook / nurse / doctor / singer / farmer / scientist / painter / designer / firefighter / police officer **Day 27** shy / kind / lazy / smart / noisy / careful / funny / honest / creative / on time **Day 28** air / tree / need / plant / pot / leaf / vase / stone / flower / sunlight **Day 29** sad / happy / hungry / full / sick / tired / proud / excited / worried / surprised **Day 30** people / know / boy / girl / man / woman / student / teacher / teen / adult

Level 2

Day 01 house / kitchen / bedroom / bathroom / living room / bell / wall / picture / curtain / floor / visit / mail / address / welcome **Day 02** hobby / fish / hike / sport / video / collect / toy / search / Internet / camping / shopping / board game / free / time **Day 03** band / concert / violin / piano / guitar / drum / song / voice / beautiful / stage / center / kid / smile / ticket **Day 04** cute / little / pretty / handsome / hair / curly / ring / scarf / glasses / necklace / quiz / circle / guess / answer

Day 05 hour / minute / second / o'clock / at / now / late / call / screen / dark / bright / same / different / cousin **Day 06** calendar / Monday / Tuesday / Wednesday / Thursday / Friday / Saturday / Sunday / week / weekend / today / tomorrow / yesterday / busy **Day 07** low / high / fast / slow / tiny / huge / brave / afraid / weak / strong / easy / difficult / fun / together **Day 08** sore / throat / fever / runny nose / cough / finger / blood / headache / stomachache / cry / rest / worry / should / wrong **Day 09** gym / library / cafeteria / classroom / nurse's office / playground / court / track / gate / stair / space / enter / large / exciting **Day 10** study / listen / carefully / teach / test / lesson / question / textbook / homework / rule / raise / hard / quiet / restroom **Day 11** how / turn / left / right / cross / street / block / corner / straight / town / shop / station / church / post office **Day 12** fan / radio / camera / printer / laptop / computer / television / smartphone / useful / item / home / have / turn on / turn off **Day 13** job / chef / pilot / artist / writer / baker / dancer / dentist / musician / future / dream / many / want / become **Day 14** season / spring / summer / fall / autumn / winter / warm / cool / favorite / trip / picnic / beach / thank / snowman **Day 15** country / Korea / U.K. / Spain / U.S.A. / China / map / travel / city / world / culture / memory / west / east **Day 16** language / word / French / German / Chinese / Japanese / Italian / Spanish / foreign / learn / speak / repeat / practice / understand **Day 17** menu / order / return / pay / try / cash / credit card / curry / noodle / seafood / fried rice / sandwich / spaghetti / hamburger **Day 18** find / hear / taste / smell / sound / rough / scared / strange / footprint / planet / astronaut / spaceship / telescope / shooting star **Day 19** field day / exercise / cheer / catch / throw / shoot / pass / sweat / race / medal / player / team / score / goal **Day 20** month / January / February / March / April / May / June / July / August / September / October / November / December / birthday **Day 21** story / title / author / letter / forest / knight / adventure / castle / king / princess / ghost / giant / witch / dragon **Day 22** festival / pop / crowd / line / wait / magic / snack / food truck / photo / photographer / flea market / jacket / jeans / sneakers **Day 23** cost / help / look for / try on / pick / cheap / sale / clerk / price / total / receipt / backpack / paper bag / shopping mall **Day 24** first / second / third / fourth / fifth / sixth / grade / sand / hold / bench / ladder / elementary school / middle school / high school **Day 25** cake / card / gift / guest / party / candle / balloon / present / blow / invite / arrive / decorate / glad / special **Day 26** list / plan / earn / save / money / waste / spend / coupon / lend / borrow / promise / hundred / thousand / allowance **Day 27** know / hope / agree / think / curious / perfect / genius / idea / museum / universe / forget / decide / believe / remember **Day 28** pan / oven / bowl / plate / jam / butter / sugar / add / mix / put / toast / cut / spread / sweet **Day 29** snow / fire / flood / storm / earthquake / typhoon / area / use / exit / safe / news / wide / quickly / elevator **Day 30** warn / Earth / pollution / worse / serious / problem / global warming / grow / recycle / reuse / pick up / protect / energy / important

한눈에 보는 초등 의사소통 언어 형식

No.	예문	No.	예문
1	Kate is from London. **L2**	38	John and Mary are good friends. **L1 L2**
2	A boy/The boy/The (two) boys ran in the park. **L1 L2**	39	Does Anne work out on weekends? **L2**
3	Water is very important for life. **L1 L2**	40	Open your book. **L1 L2**
4	The store is closed. **L1 L2**	41	Let's go to Brian's birthday party. **L1 L2**
5	This book is very interesting. **L1 L2**	42	I am not tired. **L1 L2**
6	That dog is smart. **L1 L2**	43	It isn't very cold. **L1 L2**
7	These/Those books are really large. **L1 L2**	44	I don't like snakes. **L1 L2**
8	We didn't buy much/any food. **L2**	45	You can't swim here. **L1 L2**
9	Many young people have no money. **L1 L2**	46	We didn't enjoy the movie very much.
10	Every monkey likes bananas. **L1 L2**	47	Tom won't be at the meeting tomorrow. **L1**
11	All children love baby animals. **L1 L2**	48	Are you ready? **L1 L2**
12	Which do you like better, this or that? **L1**	49	Is it raining? **L2**
13	These are apples, and those are tomatoes. **L1**	50	Do you like oranges? **L1 L2**
14	I like your glasses. What about mine? **L1 L2**	51	Don't you like apples? **L2**
15	We are very glad to hear from him. **L1 L2**	52	Can you write a letter in English? **L1 L2**
16	He will help her. **L1 L2**	53	When will you come? **L2**
17	They're really delicious. **L1 L2**	54	Where can we take the bus? **L1 L2**
18	She is a scientist, and he's a teacher. **L1 L2**	55	Why did he leave early? **L2**
19	Susan likes math, but John doesn't like it. **L2**	56	How do you spell your name? **L1 L2**
20	It's cold outside. **L1 L2**	57	Who can answer that question? **L1 L2**
21	It's Wednesday. **L2**	58	Whose dolls are these? **L2**
22	It's half past four. **L1 L2**	59	Which ice cream do you like, vanilla or chocolate?
23	It's windy today. **L1 L2**	60	What size is this shirt? **L1**
24	It's far from here. **L1**	61	What time is it? **L2**
25	He walks to school every day. **L1 L2**	62	How old is she? **L1**
26	We (usually) meet after lunch. **L1 L2**	63	How big is the house?
27	We played soccer yesterday. **L2**	64	How heavy is your computer?
28	She is going to visit her grandparents next week. **L2**	65	How much is it? **L1**
29	I will visit New York next year. **L1 L2**	66	Can we sit down in here? **L1 L2**
30	He is sleeping now. **L1 L2**	67	May I borrow your book? **L1 L2**
31	The baby cried. **L1 L2**	68	You may leave now.
32	She stayed in bed. **L2**	69	She can play the violin. **L1 L2**
33	He is a math teacher. **L1 L2**	70	Andy plays the guitar, and his sister plays the piano. **L2**
34	You look happy today. **L1 L2**	71	They are my neighbors, but I don't know them well.
35	I like gimbap. **L1 L2**	72	He went to bed because he was sleepy.
36	Mary is taller than I/me.	73	There are two books on the desk. **L1 L2**
37	Did you go fishing last weekend? **L2**		

이 책의 **구성과 특징**

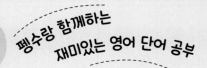

Step 1 · Let's Look & Think

펭수와 그 친구들이 주인공인 스토리를 그림과 함께 보면서 관련 단어를 Day별로 공부할 수 있어요. 스토리와 그림을 보면서 함께 익힌 영단어와 우리말 뜻은 자연스럽게 기억에 남게 될 거예요.

Step 2 · Let's Listen & Speak

녹음된 단어를 들으면서 3번 따라 말하고, 2번 써 보면서 Day별 단어들과 친해질 수 있어요.

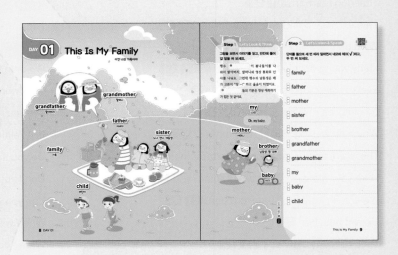

Step 3 · Let's Handwrite

• 녹음된 Day별 단어와 뜻을 들으면서 영어 노트선에 맞게 따라 써 보고, 단어와 관련 있는 내용들도 같이 공부해 봐요.

• Day별 단어를 포함한 교과서 문장과 실생활에서 쓰이는 회화 표현들도 녹음된 내용을 듣고 따라 말하며 영어 노트선에 뜻과 함께 쓰면서 익혀 봐요.

같은 뜻/반대 뜻의 단어, 발음은 같은데 뜻이 다른 단어, 서로 비슷하게 생긴 단어 등 Day별 단어와 관련된 여러 가지 내용을 같이 공부해 보기

Day별 단어를 포함한 교과서 문장 연습하기

Day별 단어를 포함한 실생활에서 많이 사용되는 회화 표현 연습하기

Let's Wrap Up 5 Days

Day별로 익힌 단어들을 5일마다 한 번씩 확인, 연습, 응용할 수 있는 다양한 유형의 리뷰 테스트를 통해 다시 한 번 복습할 수 있어요.

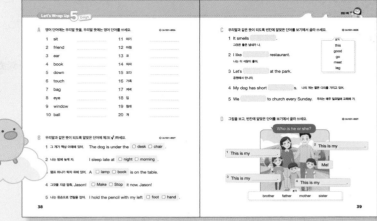

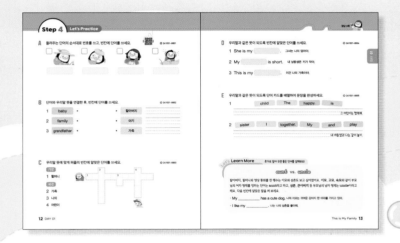

Step 4 Let's Practice

- 펭수 삽화와 스토리를 통해 익힌 Day별 영단어와 우리말 뜻을, 직접 듣고 써 보는 유형부터 문장을 통해 테스트해 보는 유형까지 다채롭고 흥미로운 문제 유형으로 확인해 봐요.

- Day별 단어 외에도 단어의 어원, 뉘앙스 차이를 가진 단어들, 그리고 알아 두면 좋은 연어(collocation), 숙어(idiom), 구동사(phrasal verbs) 등을 짝을 지어 공부할 수 있어요.

primary.ebs.co.kr

- 원어민 음원 MP3를 QR 코드로 실시간 스트리밍 및 EBS 초등사이트에서 다운로드 해서 듣고 쓰고 말하는 단어 연습을 언제 어디서든 편하게 할 수 있어요.

- EBS 초등사이트에서 무료 강의 및 셀프 진단기, 랜덤 테스트기, 따라 쓰기 워크시트 등 다양한 부가 자료를 활용해 공부했던 단어들을 완벽하게 마스터할 수 있어요.

인공지능 DANCHOO 푸리봇 문|제|검|색

EBS 초등사이트와 **EBS 초등 APP** 하단의 **AI 학습도우미 푸리봇**을 통해 문항코드를 검색하면 푸리봇이 해당 문제의 해설 강의를 찾아 줍니다.

문제별 문항코드 확인

[241031-0001]

1. 아래 그래프를 이해한 내용으로 가장 적절한 것은?

241031-0001

문항코드 검색

이 책의 차례

펭수와 친구들이 함께하는
흥미진진한 이야기들

DAY 01   This Is My Family   8

DAY 02   Good Morning, My Friend   14

DAY 03   Let's Jump with Pengsoo!   20

DAY 04   That's a Book   26

DAY 05   Go and Get It, Max!   32

Let's Wrap Up 5 Days   38

DAY 06   Do You Have a Pencil?   40

DAY 07   I Like Blue   46

DAY 08   Let's Count One, Two, Three!   52

DAY 09   Do You Like Fruits or Vegetables?   58

DAY 10   Let's Sing Together!   64

Let's Wrap Up 5 Days   70

DAY 11   He's Very Tall   72

DAY 12   Pengsoo Wants New Shoes   78

DAY 13   Welcome to My House   84

DAY 14   Where Are Pengsoo's Things?   90

DAY 15   It's Time for Breakfast   96

Let's Wrap Up 5 Days   102

DAY 16	What's Your Favorite Drink?	104
DAY 17	Look at the Sky!	110
DAY 18	I Have Five Classes	116
DAY 19	I Like Animals	122
DAY 20	Have Fun at the Park!	128
Let's Wrap Up 5 Days		134
DAY 21	I Clean My House Every Day	136
DAY 22	How Do You Go There?	142
DAY 23	Look Around My Town!	148
DAY 24	I Love Sports	154
DAY 25	How's the Weather?	160
Let's Wrap Up 5 Days		166
DAY 26	What's Your Dream?	168
DAY 27	I Am Smart	174
DAY 28	I Love Green Trees	180
DAY 29	How Do You Feel Today?	186
DAY 30	Look at the Long Lines!	192
Let's Wrap Up 5 Days		198

This Is My Family

이건 나의 가족이야

grandmother
할머니

grandfather
할아버지

father
아버지

sister
누나, 언니, 여동생

family
가족

child
어린이

그림을 보면서 이야기를 읽고, 빈칸에 들어갈 말을 써 보세요.

펭수 ❶ [   ] 이 봄나들이를 나와서 할아버지, 할머니와 영상 통화로 인사를 나눠요. 그런데 펭수의 남동생은 배가 고픈지 "앙 ~!" 하고 울음이 터졌어요. ❷ [   ] 들의 기분은 항상 예측하기가 힘든 것 같아요.

my
나의

Oh, my baby.

mother
어머니

brother
남동생, 형, 오빠

baby
아기

정답 ❶ 가족 ❷ 아기

단어를 들으며 세 번 따라 말하면서 네모에 체크(✓)하고, 두 번 써 보세요.

☐ family _____

☐ father _____

☐ mother _____

☐ sister _____

☐ brother _____

☐ grandfather _____

☐ grandmother _____

☐ my _____

☐ baby _____

☐ child _____

영어 단어와 문장을 들으면서 따라 써 보고, 우리말 뜻도 써 보세요.

family
가족

father
아버지

> '아빠'는 dad, daddy,
> '엄마'는 mom, mommy로도 써요.

mother
어머니

sister
누나, 언니, 여동생

brother
남동생, 형, 오빠

grandfather
할아버지

= grandpa

grandmother
할머니

= grandma

my
나의

baby
아기

child
어린이

She's my sister.

그녀는 나의 누나[언니, 여동생]야.

I like my family.

나는 나의 가족을 좋아해.

Is she your grandmother?

그녀가 너의 할머니이시니?

Look at that cute baby!

저 귀여운 아기를 봐!

My brother is smart.

나의 남동생[형, 오빠]은 똑똑해.

This Is My Family **11**

A 들려주는 단어의 순서대로 번호를 쓰고, 빈칸에 단어를 쓰세요. ▶ 241031-0001

☐ 　　☐ 　　☐ 　　☐

B 단어와 우리말 뜻을 연결한 후, 빈칸에 단어를 쓰세요. ▶ 241031-0002

1　baby　　•　　•　할아버지　------------------------

2　family　　•　　•　아기　------------------------

3　grandfather　　•　　•　가족　------------------------

C 우리말 뜻에 맞게 퍼즐의 빈칸에 알맞은 단어를 쓰세요. ▶ 241031-0003

가로

1 할머니

세로

2 가족

3 나의

4 어린이

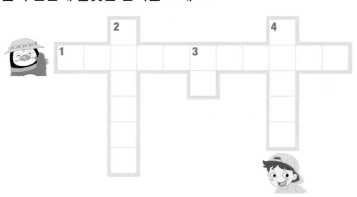

D 우리말과 같은 뜻이 되도록 빈칸에 알맞은 단어를 쓰세요. 241031-0004

1 She is my _____. 그녀는 나의 엄마야.

2 My _____ is short. 내 남동생은 키가 작아.

3 This is my _____. 이건 나의 가족이야.

E 우리말과 같은 뜻이 되도록 단어 카드를 배열하여 문장을 완성하세요. 241031-0005

1 | child | The | happy. | is |

_____

그 어린이는 행복해.

2 | sister | I | together. | My | and | play |

_____

내 여동생과 나는 같이 놀아.

Let's **Learn More** 추가로 알아 두면 좋은 단어를 살펴봐요!

aunt vs. uncle

할아버지, 할머니와 영상 통화를 한 펭수는 이모와 삼촌도 보고 싶어졌어요. **이모, 고모, 숙모**와 같이 부모님의 여자 형제를 칭하는 단어는 aunt라고 하고, **삼촌, 큰아버지** 등 부모님의 남자 형제는 uncle이라고 해요. 다음 빈칸에 알맞은 말을 써 보세요.

• My _____ has a cute dog. 나의 이모는 귀여운 강아지 한 마리를 가지고 있어.

• I like my _____. 나는 나의 삼촌을 좋아해.

Good Morning, My Friend

좋은 아침이야, 나의 친구야

night
밤

evening
저녁

afternoon
오후

morning
아침

good
좋은

bag
가방

hi
안녕, 안녕하세요

friend
친구

그림을 보면서 이야기를 읽고, 빈칸에 들어 갈 말을 써 보세요.

펭수의 하루는 어떨까요? **❶** 에는 학교 가는 길에 친구들을 만나 반갑 게 인사하고요. 오후에는 주로 축구를 해요. **❷** 에는 숙제와 저녁 식사를 하 고, 밤이 되면 다음날을 위해 너무 늦지 않게 잠자리에 든답니다.

meet
만나다

hello
안녕, 안녕하세요

정답 ❶아침 ❷저녁

단어를 들으며 세 번 따라 말하면서 네모에 체크(✔)하고, 두 번 써 보세요.

☐☐ hi

☐☐ hello

☐☐ bag

☐☐ good

☐☐ meet

☐☐ friend

☐☐ morning

☐☐ afternoon

☐☐ evening

☐☐ night

영어 단어와 문장을 들으면서 따라 써 보고, 우리말 뜻도 써 보세요.

hi
안녕, 안녕하세요

hello
안녕, 안녕하세요

= hi

bag
가방

→ backpack 책가방

good
좋은

meet
만나다

meat(고기)와 철자를
혼동하지 마세요.

friend
친구

morning
아침

afternoon
오후

evening
저녁

night
밤

Good morning!
좋은 아침이야!

Nice to meet you.
만나서 반가워.

여기서 this는 '오늘'을 나타내는 뜻으로 쓰였어요.

Let's meet this afternoon!
오늘 오후에 만나자!

My friend is nice.
나의 친구는 착해.

I read books in the evening.
나는 저녁에 책을 읽어.

DAY 02

Step 4 · Let's Practice

A 들려주는 단어의 순서대로 번호를 쓰고, 빈칸에 단어를 쓰세요.

 ▶ 241031-0006

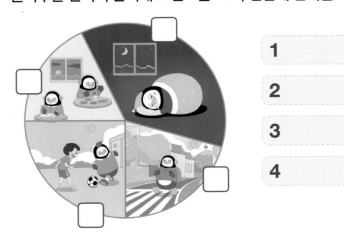

1
2
3
4

B 단어와 우리말 뜻을 연결한 후, 빈칸에 단어를 쓰세요.

▶ 241031-0007

1 good •   • 좋은
2 bag •   • 안녕
3 hi •   • 가방

C 우리말 뜻에 맞는 단어를 찾아 동그라미 하고 빈칸에 쓰세요.

▶ 241031-0008

가로
1 가방
4 저녁

세로
2 만나다
3 안녕하세요

1
2
3
4

p	q	c	z	k	h	b
d	m	u	r	e	e	x
g	e	b	a	g	l	o
q	e	w	c	d	l	o
i	t	l	t	i	o	a
e	v	e	n	i	n	g

D 우리말과 같은 뜻이 되도록 빈칸에 알맞은 철자를 써서 문장을 완성하세요. ▶ 241031-0009

1 나의 친구는 예뻐. My f [ ][ ][ ][ ][ ][ ] is pretty.

2 너의 이모에게 인사 전해 줘. Say h [ ][ ][ ][ ][ ] to your aunt.

3 나의 선생님은 정말 좋아. My teacher is really g [ ][ ][ ][ ].

E 그림을 보고, 빈칸에 알맞은 말을 써서 문장을 완성하세요. ▶ 241031-0010

1

I _____ my cousin every month. 나는 매달 나의 사촌을 만나.

2

Try on this _____. 이 가방을 착용해 보렴.

Let's **Learn More**   추가로 알아 두면 좋은 단어를 살펴봐요!

south vs. north

하루 일과를 마친 펭수는 호주에 있는 친구와 영상 통화를 했어요. 펭수가 있는 대한민국은 봄인데 호주는 가을이래요. 왜 그럴까요? 대한민국은 지구의 북반구에 있고, 호주는 남반구에 있어서예요. 여기서 **북쪽**이라는 영어 단어는 **north**라고 하고, **남쪽**은 **south**라고 한답니다. 다음 빈칸에 알맞은 말을 써 보세요.

• The _____ Star is really bright. 북극성은 정말 밝아.

• We can find penguins in the _____ Pole. 우리는 펭귄들을 남극에서 찾을 수 있다.

DAY 03 Let's Jump with Pengsoo!

펭수와 점프해 보자!

Step 1 Let's Look & Think

그림을 보면서 이야기를 읽고, 빈칸에 들어갈 말을 써 보세요.

펭수와 친구들이 트램펄린 위에서 신나게 점프하고 있어요. 친구들은 팔과 ❶ _____ 를 쭉쭉 펴기도 하고 구부리기도 하며 점프를 하고 있고, 펭수는 ❷ _____ 이 커서 자꾸 넘어지지만 정말 즐거워하고 있네요.

face 얼굴
hand 손
eye 눈
mouth 입
foot 발
leg 다리
ear 귀
nose 코

단어를 들으며 세 번 따라 말하면서 네모에 체크(✓)하고,
두 번 써 보세요.

☐ face

☐ hand

☐ leg

☐ ear

☐ nose

☐ eye

☐ mouth

☐ foot

☐ head

☐ body

head
머리

body
몸

영어 단어와 문장을 들으면서 따라 써 보고, 우리말 뜻도 써 보세요.

face
얼굴

hand
손

leg
다리

ear
귀

nose
코

eye
눈

mouth
입

> mouse(쥐)와 철자를
> 혼동하지 마세요.

foot
발

> 복수형은 feet

head
머리

body
몸

📖
Open your eyes, please.
당신의 눈을 떠 보세요.

please를 문장 앞 또는 뒤에
쓰면 공손한 표현이 돼요.

📖
She has big hands.
그녀는 큰 손을 가지고 있어.

📖
Elephants have big ears.
코끼리는 큰 귀를 가지고 있어.

💬
Touch your nose.
너의 코를 만져.

💬
Shake your body.
너의 몸을 흔들어.

Step 4 Let's Practice

A 들려주는 단어의 순서대로 번호를 쓰고, 빈칸에 단어를 쓰세요. ▶ 241031-0011

| 1 |
| 2 |
| 3 |
| 4 |

B 단어와 우리말 뜻을 연결한 후, 빈칸에 단어를 쓰세요. ▶ 241031-0012

1 ear •   • 손 _____

2 leg •   • 다리 _____

3 hand •   • 몸 _____

4 body •   • 귀 _____

C 나열된 철자의 순서를 바로잡아 신체와 관련된 단어를 완성하세요. ▶ 241031-0013

1 e g l   _____

2 a d h n   _____

3 a e d h   _____

4 h m t o u   _____

D 그림을 알맞게 표현한 문장에 체크(✔)하세요. ▶ 241031-0014

1

- ☐ Touch your head.
- ☐ Touch your nose.

2

- ☐ It has two eyes.
- ☐ It has two mouths.

DAY 03

E 우리말과 같은 뜻이 되도록 단어 카드를 배열하여 문장을 완성하세요. ▶ 241031-0015

1 | head | and | your | Touch | shoulder. |

너의 머리와 어깨를 만져.

2 | eyes. | has | She | big |

그녀는 큰 눈을 갖고 있어.

Let's **Learn More**   추가로 알아 두면 좋은 단어를 살펴봐요!

action vs. mind

펭수는 트램펄린 위에서 신체를 움직여 여러 가지 동작을 했어요. 이를 **행동**, 즉 action이라고 해요. 이와 반대로 **마음, 생각**이라는 단어는 mind라고 한답니다. 다음 빈칸에 알맞은 말을 써 보세요.

• Smiling is a happy _____ . 미소를 짓는 것은 기분 좋은 행동이야.

• What's on your _____ ? 너의 생각은 무엇이니?

DAY 04 That's a Book

저것은 책이야

window
창문

door
문

lamp
램프, 등

this
이것

book
책

bed
침대

Step 1 Let's Look & Think

그림을 보면서 이야기를 읽고, 빈칸에 들어갈 말을 써 보세요.

펭수는 친구 집에 놀러 와서 친구의 방을 구경하고 있어요. 침대 옆에는 램프가 놓여져 있고, 깔끔하게 정리된 ❶ _____ 앞에는 의자가 있어요. 책상 위쪽으로는 책장과 책들이 있어요. 펭수는 ❷ _____ 에 앉아서 가까이 있는 책과 멀리 있는 책을 가리키고 있어요.

that 저것
bookcase 책장
desk 책상
chair 의자

Step 2 Let's Listen & Speak

단어를 들으며 세 번 따라 말하면서 네모에 체크(✔)하고, 두 번 써 보세요.

- this
- that
- bed
- book
- desk
- door
- lamp
- chair
- window
- bookcase

영어 단어와 문장을 들으면서 따라 써 보고, 우리말 뜻도 써 보세요.

this
이것

that
저것

bed
침대

→ bad(나쁜)와 철자를 혼동하지 마세요.

book
책

desk
책상

door
문

lamp
램프, 등

chair
의자

window
창문

bookcase
책장

= bookshelf

Close the window.

창문을 닫아.

That's a lamp.

저것은 램프[등]야.

> that은 멀리 있는 사람이나 물건을 가리킬 때,
> this는 가까이 있는 사람이나 물건을 가리킬 때 사용해요.

It's on the desk.

그것은 책상 위에 있어.

This is my book.

이것은 나의 책이야.

The bookcase is green.

그 책장은 초록색이야.

A 들려주는 단어의 순서대로 번호를 쓰고, 빈칸에 단어를 쓰세요.

▶ 241031-0016

 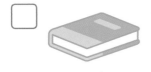 

B 그림에 맞는 단어가 되도록 철자의 순서를 바로잡아 단어를 완성하세요.

▶ 241031-0017

1 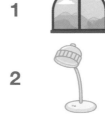 w n i o w d ➡ _____

2 p l m a ➡ _____

3 d b e ➡ _____

C 우리말 뜻에 맞는 단어를 찾아 동그라미 하고 빈칸에 쓰세요.

▶ 241031-0018

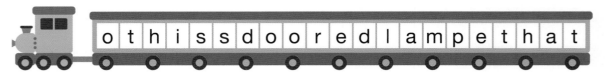

o t h i s s d o o r e d l a m p e t h a t

1 이것 _____

2 저것 _____

3 문 _____

4 램프, 등 _____

D 우리말과 같은 뜻이 되도록 빈칸에 알맞은 철자를 써서 문장을 완성하세요. ▶ 241031-0019

1 이 의자들을 봐!   Look at these ⬚⬚⬚⬚⬚⬚ s!

2 이것은 너를 위한 거야.   ⬚⬚⬚⬚ is for you.

3 저것은 뭐야?   What's ⬚⬚⬚⬚ ?

E 그림을 보고, 빈칸에 알맞은 말을 써서 문장을 완성하세요. ▶ 241031-0020

1

Is this your _____ ?
이것이 너의 책이니?

2

Open the _____ .
창문을 열어.

Let's **Learn More**   추가로 알아 두면 좋은 단어를 살펴봐요!

room vs. place

펭수는 친구 집에서 친구의 '방'을 구경하고 있어요. **방**이라는 단어는 **room**이라고 해요. 비슷한 의미를 가진 단어로 **장소, 곳**이라는 영어 단어는 **place**라고 한답니다. 다음 빈칸에 알맞은 말을 써 보세요.

• My bedroom is a cozy _____ . 나의 침실은 편안한 방이야.

• My grandmother's house is a special _____ . 나의 할머니의 집은 특별한 장소야.

Go and Get It, Max!

가서 그것을 잡아, Max!

down 아래로

up 위로

stop 멈추다

come 오다

go 가다

ball 공

dog 개

그림을 보면서 이야기를 읽고, 빈칸에 들어
갈 말을 써 보세요.

오늘은 펭수가 강아지 Max와 함께 강아지
공원으로 놀러 나왔어요. 소년이 강아지들을
훈련시키면서 ❶ [   ] 와 일어서기
와 같은 것을 가르치고 있네요. 그리고 소녀는
❷ [   ] 을 던져서 잡아 오게 하면서
같이 놀아 주고 있어요.

stand
서다

sit
앉다

touch
만지다

정답 ❶ 앉기 ❷ 공

단어를 들으며 세 번 따라 말하면서 네모에 체크(✔)하고,
두 번 써 보세요.

☐ go

☐ come

☐ up

☐ down

☐ sit

☐ stand

☐ stop

☐ dog

☐ ball

☐ touch

영어 단어와 문장을 들으면서 따라 써 보고, 우리말 뜻도 써 보세요.

go
가다

come
오다

up
위로

down
아래로

sit
앉다

stand
서다

'정류장'이라는 의미도 있어요.
bus stop (버스 정류장)

stop
멈추다

→ puppy (강아지)

dog
개

ball
공

touch
만지다

Let's go!
가자!

Stand up, please.
일어서 주세요.

Where is my ball?
나의 공은 어디 있니?

사람이나 사물의 위치를 물을 때
Where is[are] ~?를 써요.

Come here!
이리 와!

My dog is cute.
나의 개는 귀여워.

Step 4 Let's Practice

A
들려주는 단어의 순서대로 번호를 쓰고, 빈칸에 단어를 쓰세요.

241031-0021

1

2

3

4

B
단어 퀴즈를 채점하고, <u>틀린</u> 단어를 바르게 고쳐 쓰세요.

241031-0022

단어 퀴즈	
1 앉다	sit
2 멈추다	stob
3 만지다	toch
4 위로	up

바르게 고치기

C
우리말 뜻에 맞게 퍼즐의 빈칸에 알맞은 단어를 쓰세요.

241031-0023

가로
1 아래로
3 앉다

세로
2 만지다
3 서다

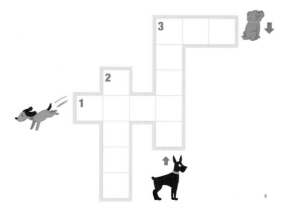

D 우리말과 같은 뜻이 되도록 알맞은 단어를 쓰세요. ▶ 241031-0024

1 The balloons are flying _____. 그 풍선들이 위로 날아오르고 있네.

2 Where is my _____? 내 개가 어디에 있지?

3 _____ here, please! 이리로 오세요!

E 우리말과 같은 뜻이 되도록 단어 카드를 배열하여 문장을 완성하세요. ▶ 241031-0025

1 | up, | Stand | please. |

_____

_____ 일어서세요.

2 | the | ball! | Touch | green |

_____

_____ 그 초록색 공을 만져!

Let's **Learn More** 추가로 알아 두면 좋은 단어를 살펴봐요!

hill vs. heel

펭수의 강아지 Max는 언덕 오르기를 무척 좋아해요. **언덕**이라는 뜻의 영어 단어는 **hill**이에요. 이와 발음은 비슷하지만 다른 철자와 뜻을 가진 단어로 **발뒤꿈치**를 나타내는 **heel**이 있어요. 다음 빈칸에 알맞은 말을 써 보세요.

• Max likes to climb the _____. Max는 언덕 오르기를 좋아해.

• I can kick the ball with my _____. 나는 발뒤꿈치로 공을 찰 수 있어.

A 영어 단어에는 우리말 뜻을, 우리말 뜻에는 영어 단어를 쓰세요. ▶ 241031-0026

1	sit	_____	11	아기	_____
2	friend	_____	12	아침	_____
3	ear	_____	13	코	_____
4	book	_____	14	의자	_____
5	down	_____	15	오다	_____
6	touch	_____	16	가족	_____
7	bag	_____	17	저녁	_____
8	eye	_____	18	입	_____
9	window	_____	19	침대	_____
10	ball	_____	20	개	_____

B 우리말과 같은 뜻이 되도록 알맞은 단어에 체크(✔)하세요. ▶ 241031-0027

1 그 개가 책상 아래에 있어. The dog is under the ☐ desk ☐ chair .

2 나는 밤에 늦게 자. I sleep late at ☐ night ☐ morning .

3 램프 하나가 탁자 위에 있어. A ☐ lamp ☐ book is on the table.

4 그것을 지금 멈춰, Jason! ☐ Make ☐ Stop it now, Jason!

5 나는 왼손으로 연필을 잡아. I hold the pencil with my left ☐ foot ☐ hand .

C 우리말과 같은 뜻이 되도록 빈칸에 알맞은 단어를 보기에서 골라 쓰세요. 241031-0028

1 It smells _____.

그것은 좋은 냄새가 나.

2 I like _____ restaurant.

나는 이 식당이 좋아.

3 Let's _____ at the park.

공원에서 만나자.

4 My dog has short _____s.   나의 개는 짧은 다리를 가지고 있어.

5 We _____ to church every Sunday.   우리는 매주 일요일에 교회에 가.

보기
this
good
go
meet
leg

D 그림을 보고, 빈칸에 알맞은 단어를 보기에서 골라 쓰세요. 241031-0029

Who is he or she?

1 This is my _____.

2 This is my _____.

Me!

3 This is my _____.

4 This is my _____.

보기
brother   father   mother   sister

39

Do You Have a Pencil?

너는 연필을 가지고 있니?

doll
인형

pencil
연필

pen
펜

eraser
지우개

ruler
자

scissors
가위

notebook
공책

그림을 보면서 이야기를 읽고, 빈칸에 들어갈 말을 써 보세요.

필요한 학용품을 사로 문구점에 간 펭수는
❶ [   ] , 가위를 골랐어요. 그리고 무엇을 더 살지 고르고 있네요. 어? 그런데 한 아이가 ❷ [   ] 코너를 가리키며 엄마를 조르고 있어요. 하지만 엄마는 안 된다고 하시는 것 같아요.

buy
사다

glue stick
딱풀

crayon
크레용

단어를 들으며 세 번 따라 말하면서 네모에 체크(✓)하고, 두 번 써 보세요.

□ buy

□ doll

□ pen

□ ruler

□ crayon

□ eraser

□ pencil

□ notebook

□ scissors

□ glue stick

영어 단어와 문장을 들으면서 따라 써 보고, 우리말 뜻도 써 보세요.

buy
사다

doll
인형

pen
펜

ruler
자

crayon
크레용

eraser
지우개

pencil
연필

pencil case 필통

notebook
공책

같은 모양이 두 개의 부분으로 이루어진 것들은
항상 복수형으로 써요. glasses, pants 등

scissors
가위

glue stick
딱풀

= glue

Do you have a pencil?

너는 연필을 가지고 있니?

This is my notebook.

이것은 나의 공책이야.

I don't have a glue stick.

나는 딱풀을 가지고 있지 않아.

DAY 06

Be careful with scissors.

가위를 조심해.

Be careful with ~는 '~을 조심해.'라는 의미예요.

I have a blue crayon.

나는 파란색 크레용을 가지고 있어.

A 들려주는 단어의 순서대로 번호를 쓰고, 빈칸에 단어를 쓰세요.

  ▶ 241031-0030

B 단어와 우리말 뜻을 연결한 후, 빈칸에 단어를 쓰세요.

▶ 241031-0031

1 eraser •   • 가위 _____

2 glue stick •   • 딱풀 _____

3 scissors •   • 지우개 _____

C 우리말 뜻에 맞게 퍼즐의 빈칸에 알맞은 단어를 쓰세요.

▶ 241031-0032

가로

1 크레용

3 사다

4 인형

세로

2 공책

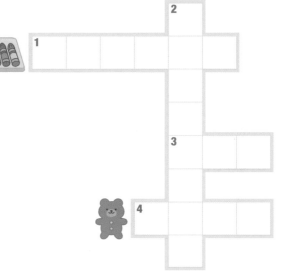

D 우리말과 같은 뜻이 되도록 빈칸에 알맞은 단어를 쓰세요. 241031-0033

1 그는 자를 사용해. ➡ He uses a _____ .

2 그 인형은 책상 뒤에 있어. ➡ The _____ is behind the desk.

3 너는 지우개를 몇 개 가지고 있니? ➡ How many _____ s do you have?

E 우리말과 같은 뜻이 되도록 단어 카드를 배열하여 문장을 완성하세요. 241031-0034

1

| want | notebook. | I | a |

_____

- 나는 공책을 원해.

2

| have | a | don't | I | pen. |

_____

- 나는 펜을 가지고 있지 않아.

DAY 06

Let's Learn More 추가로 알아 두면 좋은 단어를 살펴봐요!

change vs. keep

문구점에서 새 학용품을 사 온 펭수는 집에 와서 쓰던 학용품을 새 학용품으로 바꾸었어요. **바꾸다**라는 영어 단어는 change라고 해요. 반대로 **유지하다(간직하다)**라는 의미의 영어 단어는 keep이에요. 다음 빈칸에 알맞은 말을 써 보세요.

• Let's _____ our seats. 우리 자리를 바꾸자.

• I want to _____ my teddy bear. 나는 내 곰 인형을 간직하고 싶어.

I Like Blue
나는 파란색을 좋아해

Step 1 Let's Look & Think

그림을 보면서 이야기를 읽고, 빈칸에 들어갈 말을 써 보세요.

하늘에는 ❶ [   ] 구름이 둥실둥실 떠 있고, 분홍 새가 노래를 부르며 날아다녀요. 펭수는 친구들과 무지개 미끄럼틀을 타고 있네요. 무지개는 무슨 색으로 되어 있을까요? ❷ [   ],
주황색, 노란색, 초록색, 파란색, 남색, 보라색으로 이루어진 무지개! 이 중 펭수는 파란색을 좋아한답니다. 여러분은 무슨 색을 좋아하나요?

white
흰색; 흰

black
검은색; 검은

green
초록색; 초록의

yellow
노란색; 노란

blue
파란색; 파란

color
색깔; ~에 색칠하다

purple
보라색; 보라색의

red
빨간색; 빨간

orange
주황색; 주황색의

pink
분홍색, 분홍의

Step 2 Let's Listen & Speak

단어를 들으며 세 번 따라 말하면서 네모에 체크(✓)하고,
두 번 써 보세요.

☐ color

☐ red

☐ blue

☐ pink

☐ black

☐ green

☐ white

☐ orange

☐ purple

☐ yellow

영어 단어와 문장을 들으면서 따라 써 보고, 우리말 뜻도 써 보세요.

color
색깔; ~에 색칠하다

red
빨간색; 빨간

> 동사 feel과 함께 쓰여
> '우울한'이라는 의미로도 사용해요.

blue
파란색; 파란

pink
분홍색; 분홍의

black
검은색; 검은

green
초록색; 초록의

white
흰색; 흰

= (과일) 오렌지

orange
주황색; 주황색의

purple
보라색; 보라색의

yellow
노란색; 노란

What color is it?
그것은 무슨 색깔이니?

It's yellow.
그것은 노란색이야.

I like pink.
나는 분홍색을 좋아해.

My cat is black.
나의 고양이는 검은색이야.

Look at the white snow!
흰 눈을 봐!

A 들려주는 단어의 순서대로 번호를 쓰고, 빈칸에 단어를 쓰세요. ▶ 241031-0035

B 단어와 우리말 뜻을 연결한 후, 빈칸에 단어를 쓰세요. ▶ 241031-0036

1 white •   • 흰색

2 pink •   • 주황색

3 orange •   • 분홍색

C 우리말 뜻에 맞는 단어를 찾아 동그라미 하고 빈칸에 쓰세요. ▶ 241031-0037

가로	대각선
1 검은색	**4** 주황색
2 색깔	
3 보라색	

1

2

3

4

i	x	r	w	o	w	f	v	f	g
q	m	n	f	x	r	r	r	c	g
y	r	b	j	j	v	a	y	b	r
f	i	b	l	a	c	k	n	y	l
l	g	y	k	k	l	i	g	g	q
g	j	p	s	y	j	d	e	g	e
c	o	l	o	r	t	s	y	q	o
e	k	p	u	r	p	l	e	o	e

D 우리말과 같은 뜻이 되도록 빈칸에 알맞은 철자를 써서 문장을 완성하세요.　▶ 241031-0038

1 그 차는 노란색이야.　The car is y＿＿＿＿＿.

2 그의 눈은 파란색이야.　His eyes are b＿＿＿.

3 그녀는 그 빨간색 모자를 좋아해.　She likes the r＿＿ cap.

E 그림을 보고, 빈칸에 알맞은 말을 써서 문장을 완성하세요.　▶ 241031-0039

1

The girl ＿＿＿＿＿＿s the picture.
그 소녀가 그림을 색칠해.

2

She always wears a ＿＿＿＿＿ dress.
그녀는 항상 검은색 드레스를 입어.

Let's **Learn More**　추가로 알아 두면 좋은 단어를 살펴봐요!

love vs. hate

무지개 나라에서 펭수는 정말 행복했어요. 왜냐하면 펭수는 무지개 색깔을 정말 사랑하거든요. 알고 있겠지만, **사랑하다**라는 영어 단어는 love예요. 이와 반대로 **미워하다, 몹시 싫어하다**라는 영어 단어는 hate라고 한답니다. 다음 빈칸에 알맞은 말을 써 보세요.

• I ＿＿＿＿＿＿ my pet cat. 나는 내 반려동물 고양이를 사랑해.

• Some people ＿＿＿＿＿＿ spiders. 일부 사람들은 거미를 몹시 싫어해.

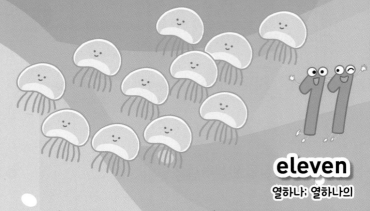

eleven
열하나; 열하나의

nine
아홉; 아홉의

six
여섯; 여섯의

one
하나; 하나의

eight
여덟; 여덟의

seven
일곱; 일곱의

five
다섯; 다섯의

그림을 보면서 이야기를 읽고, 빈칸에 들어 갈 말을 써 보세요.

펭수가 바닷속에서 숫자 나라 친구들을 만나요. 숫자 나라 친구들은 자기 이름과 딱 맞는 숫자의 바다 생물 옆에 있네요. 숫자 1은 ❶ ＿＿＿＿＿ 마리의 바다거북 옆에, 숫자 12는 무리 지어 헤엄치는 ❷ ＿＿＿＿＿ 마리의 정어리 떼 옆에 있어요.

twelve
열둘; 열둘의

three
셋; 셋의

four
넷; 넷의

정답 ❶ 한 ❷ 열둘

단어를 들으며 세 번 따라 말하면서 네모에 체크(✓)하고, 두 번 써 보세요.

☐☐ one ＿＿＿＿＿＿＿＿＿

☐☐ three ＿＿＿＿＿＿＿＿＿

☐☐ four ＿＿＿＿＿＿＿＿＿

☐☐ five ＿＿＿＿＿＿＿＿＿

☐☐ six ＿＿＿＿＿＿＿＿＿

☐☐ seven ＿＿＿＿＿＿＿＿＿

☐☐ eight ＿＿＿＿＿＿＿＿＿

☐☐ nine ＿＿＿＿＿＿＿＿＿

☐☐ eleven ＿＿＿＿＿＿＿＿＿

☐☐ twelve ＿＿＿＿＿＿＿＿＿

영어 단어와 문장을 들으면서 따라 써 보고, 우리말 뜻도 써 보세요.

one
하나; 하나의

three
셋; 셋의

> for(~을 위하여)와
> 철자를 혼동하지 마세요.

four
넷; 넷의

five
다섯; 다섯의

six
여섯; 여섯의

seven
일곱; 일곱의

eight
여덟; 여덟의

nine
아홉; 아홉의

eleven
열하나; 열하나의

twelve
열둘; 열둘의

It's eleven o'clock.

11시야.

I have seven pencils.

나는 일곱 개의 연필을 가지고 있어.

An octopus has eight arms.

문어는 여덟 개의 다리를 가지고 있어.

> 한국 사람들은 문어나 오징어의 '다리'라고 표현하지만, 영어로는 arms라고 해요.

Can I have five cookies, please?

제가 쿠키 다섯 개를 먹어도 될까요?

> Can I ~?는 상대방에게 허락을 구하는 표현이에요.

I see three butterflies in the garden.

나는 정원에서 세 마리의 나비를 봐.

A 들려주는 단어의 순서대로 번호를 쓰고, 빈칸에 단어를 쓰세요. ▶ 241031-0040

☐ 　☐ 　☐ 　☐

B 그림과 우리말 뜻에 맞는 단어를 써서 그림 카드를 완성하세요. ▶ 241031-0041

1
열하나

2
여섯

3
일곱

4
여덟

C 나열된 철자의 순서를 바로잡아 숫자와 관련된 단어를 완성하세요. ▶ 241031-0042

1　e　e　n　s　v　＿＿＿＿＿＿＿

2　n　n　e　i　＿＿＿＿＿＿＿

3　t　h　g　i　e　＿＿＿＿＿＿＿

4　x　s　i　＿＿＿＿＿＿＿

D 그림을 알맞게 표현한 문장에 체크(✔)하세요.　　　　　　　　▶ 241031-0043

1

☐ It's eleven o'clock.
☐ It's twelve o'clock.

2

☐ I brush my teeth two times a day.
☐ I brush my teeth three times a day.

E 우리말과 같은 뜻이 되도록 단어 카드를 배열하여 문장을 완성하세요.　　▶ 241031-0044

1　　at　　close　　They　　the store　　twelve.

_____

그들은 가게를 12시에 닫아.

2　　have　　Can　　cookies?　　I　　four

_____

내가 쿠키 네 개를 먹어도 될까?

Let's Learn More　　추가로 알아 두면 좋은 단어를 살펴봐요!

twenty vs. thirty

바닷속에서 여러 숫자 친구들을 만난 펭수는 더 큰 숫자들도 궁금했어요. 20, 스물이라는 뜻의 영어 단어는 twenty예요. 그리고 30, 서른은 thirty라고 한답니다. 다음 빈칸에 알맞은 말을 써 보세요.

• There are _____ students in our classroom.
　우리 교실 안에는 스무 명의 학생들이 있어.

• There are _____ apples in the basket. 바구니 안에는 서른 개의 사과가 있어.

DAY 08

Let's Count One, Two, Three! **57**

Do You Like Fruits or Vegetables?

너는 과일이나 채소를 좋아하니?

like
좋아하다

strawberry
딸기

grape
포도

apple
사과

banana
바나나

FRUIT

fruit
과일

그림을 보면서 이야기를 읽고, 빈칸에 들어갈 말을 써 보세요.

과일 마을과 채소 마을에 여행 온 펭수. 과일 마을에는 ❶ _____ 집, 포도 집이 보이고, 채소 마을에는 ❷ _____ 집, 토마토 집이 있어요. 두 마을의 친구들은 사이가 좋아요. 펭수가 가장 좋아하는 과일인 딸기를 한 입 츄릅! 먹어 버렸답니다.

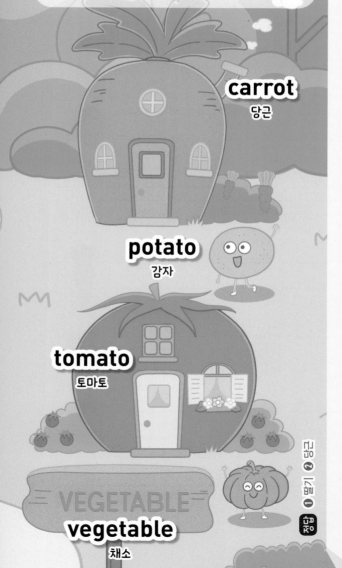

carrot
당근

potato
감자

tomato
토마토

VEGETABLE

vegetable
채소

정답 ❶ 딸기 ❷ 당근

단어를 들으며 세 번 따라 말하면서 네모에 체크(✔)하고, 두 번 써 보세요.

- ☐ fruit
- ☐ apple
- ☐ grape
- ☐ banana
- ☐ strawberry
- ☐ vegetable
- ☐ carrot
- ☐ potato
- ☐ tomato
- ☐ like

영어 단어와 문장을 들으면서 따라 써 보고, 우리말 뜻도 써 보세요.

fruit

'열매'라는 의미로도 써요.

과일

apple

사과

grape

복수형인 grapes로 사용해요.

포도

banana

바나나

strawberry

딸기

vegetable

채소

carrot

당근

potato

감자

tomato

토마토

like

좋아하다

Do you want some ~?은 음식을
권할 때 주로 사용하는 표현이에요.

Do you want some apple pie?

너는 사과파이를 좀 원하니?

Do you like ice cream?

너는 아이스크림을 좋아하니?

How many tomatoes do you have?

너는 몇 개의 토마토를 가지고 있니?

Let's make a fruit salad.

과일 샐러드를 만들자.

I like carrot soup.

나는 당근 수프를 좋아해.

DAY 09

A 들려주는 단어의 순서대로 번호를 쓰고, 빈칸에 단어를 쓰세요. ▶ 241031-0045

☐    ☐    ☐   ☐

B 나열된 철자의 순서를 바로잡아 과일이나 채소와 관련된 단어를 완성하세요. ▶ 241031-0046

1 o t t o a m _____

2 a e g p r _____

3 e v l e b g a e t _____

C 우리말 뜻에 맞는 단어를 찾아 동그라미 하고 빈칸에 쓰세요. ▶ 241031-0047

1 과일 _____

2 사과 _____

3 당근 _____

4 좋아하다 _____

D 우리말과 같은 뜻이 되도록 빈칸에 알맞은 철자를 써서 문장을 완성하세요.　　241031-0048

1 이 포도는 달아.　These g⬜⬜⬜⬜s are sweet.

2 이 책은 당근에 관한 것이야.　This book is about c⬜⬜⬜⬜⬜s.

3 너는 몇 개의 사과를 갖고 있어?

How many a⬜⬜⬜⬜s do you have?

E 그림을 보고, 빈칸에 알맞은 말을 써서 문장을 완성하세요.　　241031-0049

1

The woman is buying some _____.

그 여자는 과일을 좀 사고 있어.

2

I can make _____ soup.

나는 채소 수프를 만들 수 있어.

Let's Learn More　　추가로 알아 두면 좋은 단어를 살펴봐요!

farm vs. garden

농부들이 채소나 과일을 기르는 곳은 뭐라고 할까요? '농장'이라고 하죠? **농장**이라는 영어 단어는 **farm** 이에요. 이와 비교해서 집 안에 있는 뜰이나 꽃밭은 **정원**이라고 하고 영어 단어로는 **garden**이랍니다. 다음 빈칸에 알맞은 말을 써 보세요.

• Farmers work on a _____. 농부들은 농장에서 일해.

• My mom grows vegetables in her _____. 나의 엄마는 정원에서 채소를 기르셔.

Step 1　Let's Look & Think

그림을 보면서 이야기를 읽고, 빈칸에 들어
갈 말을 써 보세요.

펭수가 동물 음악회에 갔어요. 동물들은 각자
장기를 뽐내고 있어요. 토끼는 피아노를 치고,
❶ _____ 은 바이올린을 켜네요. 소는
멋진 트럼펫 연주자가 되었어요. 하늘을 날아
다니는 ❷ _____ 의 노랫소리와 음악에
맞춰 고양이와 펭수가 신나게 춤추고 있어요.

cat
고양이

duck
오리

chicken
닭

Step 2　Let's Listen & Speak

단어를 들으며 세 번 따라 말하면서 네모에 체크(✓)하고,
두 번 써 보세요.

☐ cat

☐ cow

☐ bird

☐ duck

☐ horse

☐ mouse

☐ rabbit

☐ chicken

☐ butterfly

☐ sing

영어 단어와 문장을 들으면서 따라 써 보고, 우리말 뜻도 써 보세요.

cat
고양이

cow
소

bird
새

duck
오리

horse
말

mouse
쥐

rabbit = bunny
토끼

chicken
닭

butterfly *cf.* fly 파리 / dragonfly 잠자리
나비

sing *cf.* song 노래
노래하다

There is a butterfly.

There is/are ~(들)이 있다

나비가 한 마리 있어.

Can you sing?

너는 노래할 수 있어?

Look at the cat over there.

저기에 있는 고양이를 봐.

That duck is really big.

저 오리는 정말 커.

The mouse lives on a farm.

그 쥐는 농장에 살아.

A 들려주는 단어의 순서대로 번호를 쓰고, 빈칸에 단어를 쓰세요.

▶ 241031-0050

1

2

3

4

B 단어 퀴즈를 채점하고, <u>틀린</u> 단어를 바르게 고쳐 쓰세요.

▶ 241031-0051

단어 퀴즈		바르게 고치기
1 소	cow	
2 토끼	rabit	
3 닭	chiken	
4 쥐	mouth	

C 우리말 뜻에 맞게 퍼즐의 빈칸에 알맞은 단어를 쓰세요.

▶ 241031-0052

가로

1 닭

세로

1 소

2 고양이

3 오리

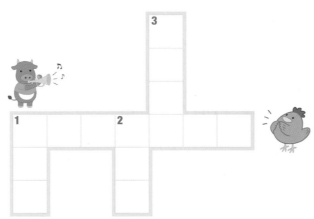

D 우리말과 같은 뜻이 되도록 빈칸에 알맞은 단어를 쓰세요.　▶ 241031-0053

1 There are no ＿＿＿＿＿＿s in the sky.　하늘에 새들이 없어.

2 Can you ＿＿＿＿＿＿ a song?　너는 노래를 부를 수 있니?

3 The ＿＿＿＿＿ has a long tail.　그 쥐는 긴 꼬리를 갖고 있어.

E 우리말과 같은 뜻이 되도록 단어 카드를 배열하여 문장을 완성하세요.　▶ 241031-0054

1 | We | feed | the ducks. | can |

＿＿＿＿＿＿＿＿＿＿＿＿＿＿＿＿＿＿＿＿＿＿＿＿＿＿＿＿＿

＿＿＿＿＿＿＿＿＿＿＿＿＿＿＿＿＿＿＿ 우리는 그 오리들에게 먹이를 줄 수 있어.

2 | handsome. | is | black | That | horse |

＿＿＿＿＿＿＿＿＿＿＿＿＿＿＿＿＿＿＿＿＿＿＿＿＿＿＿＿＿

＿＿＿＿＿＿＿＿＿＿＿＿＿＿＿＿＿＿＿ 저 검은색 말은 잘생겼어.

Let's Learn More　추가로 알아 두면 좋은 단어를 살펴봐요!

sheep vs. goat

동물 음악회의 동물들 말고 또 어떤 동물이 있을까요? 우리에게 따뜻한 털을 주는 양이 있어요. **양**은 영어 단어로 **sheep**이라고 해요. 이와 비슷한 동물인 **염소**는 영어 단어로 **goat**예요. 다음 빈칸에 알맞은 말을 써 보세요.

• A ＿＿＿＿＿＿＿ likes to eat grass. 양은 풀 먹는 것을 좋아해.

• The farmer has a brown ＿＿＿＿＿＿ on the farm.
　그 농부는 농장에 갈색 염소를 가지고 있어.

A 영어 단어에는 우리말 뜻을, 우리말 뜻에는 영어 단어를 쓰세요.   ▶ 241031-0055

1   pen   _____

2   color   _____

3   eleven   _____

4   apple   _____

5   duck   _____

6   ruler   _____

7   red   _____

8   three   _____

9   fruit   _____

10 mouse   _____

11 지우개   _____

12 사다   _____

13 파란색; 파란   _____

14 넷; 넷의   _____

15 포도   _____

16 새   _____

17 검은색; 검은   _____

18 열둘; 열둘의   _____

19 당근   _____

20 말   _____

B 우리말과 같은 뜻이 되도록 빈칸에 알맞은 단어를 찾아 연결하세요.   ▶ 241031-0056

1 Do you have a _____?   •   • strawberry
   너는 공책을 가지고 있니?

2 I like _____ juice.   •   • rabbit
   나는 딸기주스를 좋아해.

3 She is wearing her _____ dress. •   • seven
   그녀는 그녀의 하얀 드레스를 입고 있어.

4 Two plus five is _____.   •   • notebook
   2 더하기 5는 7이야.

5 The girl jumps like a _____. •   • white
   그 소녀는 토끼처럼 점프해.

70

C 우리말과 같은 뜻이 되도록 빈칸에 알맞은 단어를 보기에서 골라 쓰세요. ▶ 241031-0057

보기
scissors
green
nine
tomato
butterfly

1 Let's make a _____ sandwich.

토마토 샌드위치를 만들자.

2 She's _____ years old this year.

그녀는 올해 아홉 살이야.

3 I'm drawing _____ trees.

나는 초록색 나무들을 그리는 중이야.

4 Can you pass me the _____?

너는 나에게 가위를 건네줄 수 있니?

5 Look at that colorful _____ in the sky!

하늘에 있는 저 형형색색의 나비를 봐!

D 그림을 보고, 빈칸에 알맞은 단어를 보기에서 골라 쓰세요. ▶ 241031-0058

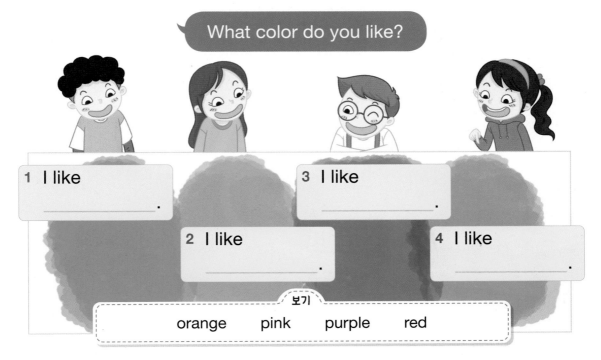

What color do you like?

1 I like
_____.

2 I like
_____.

3 I like
_____.

4 I like
_____.

보기
orange   pink   purple   red

71

He's Very Tall

그는 매우 키가 커

Step 1 Let's Look & Think

그림을 보면서 이야기를 읽고, 빈칸에 들어갈 말을 써 보세요.

마을을 산책하던 펭수는 ❶ [   ] 빵 가게 아저씨를 만나서 인사를 하고 있네요. 저기 뚱뚱한 고양이와 ❷ [   ] 경찰관도 보여요. 놀이터에는 아이들이 놀고 있고, 할아버지 한 분이 아이들을 지켜보고 있네요. 다양한 사람들이 함께 사는 펭수네 마을이에요.

slim
날씬한

fat
뚱뚱한; 지방

tall
키가 큰

short
키가 작은; 짧은

big
큰

small
작은

단어를 들으며 세 번 따라 말하면서 네모에 체크(✔)하고,
두 번 써 보세요.

☐ big

☐ small

☐ fat

☐ slim

☐ old

☐ young

☐ tall

☐ short

☐ heavy

☐ light

영어 단어와 문장을 들으면서 따라 써 보고, 우리말 뜻도 써 보세요.

big
큰

small ··· = little
작은

fat
뚱뚱한; 지방

> 사람에게 사용하면 무례한
> 표현이 될 수 있으니 조심해야 해요.

slim
날씬한

old
나이 많은, 늙은

young
어린, 젊은

tall
키가 큰

short
키가 작은, 짧은

heavy
무거운

light ·· '빛'이라는 뜻도 있어요.
가벼운

That elephant is so big.

저 코끼리는 너무 커.

My bag is too small.

나의 가방은 너무 작아.

How old are you?

너는 몇 살이야?

You're very tall.

너는 매우 키가 크구나.

little brother 남동생 ↔
big brother 형. 오빠

My little brother is short.

나의 남동생은 키가 작아.

A 들려주는 단어의 순서대로 번호를 쓰고, 빈칸에 단어를 쓰세요. ▶ 241031-0059

B 그림과 단어에 맞는 우리말 뜻을 연결하세요. ▶ 241031-0060

1 tall •   • 키가 작은, 짧은

2 short •   • 날씬한

3 slim •   • 키가 큰

C 우리말 뜻에 맞게 퍼즐의 빈칸에 알맞은 단어를 쓰세요. ▶ 241031-0061

가로

1 무거운

4 가벼운

세로

2 뚱뚱한; 지방

3 어린, 젊은

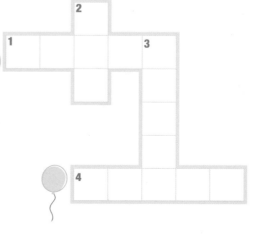

D 우리말과 같은 뜻이 되도록 빈칸에 알맞은 단어를 쓰세요. ▶ 241031-0062

1 My house has a _____ garden. 나의 집에는 큰 정원이 있어.

2 The _____ flower smells very nice.

그 작은 꽃은 아주 좋은 냄새가 나.

3 A _____ boy is playing on the beach.

어린 소년이 해변에서 놀고 있어.

E 우리말과 같은 뜻이 되도록 단어 카드를 배열하여 문장을 완성하세요. ▶ 241031-0063

1 | cat. | old | has | an | My | grandmother |

_____

.... 나의 할머니는 늙은 고양이를 갖고 있어.

2 | move | the | can't | chair. | She | heavy |

_____

.... 그녀는 그 무거운 의자를 옮길 수 없어.

Let's Learn More 추가로 알아 두면 좋은 단어를 살펴봐요!

wet vs. dry

펭수가 마을을 산책을 하던 중에 갑자기 비가 내렸어요. 급히 비를 피하긴 했지만 조금 젖었답니다. **젖은**이라는 영어 단어는 **wet**이에요. 이와 반대로 **마른, 건조한**이라는 영어 단어는 **dry**라고 한답니다. 다음 빈칸에 알맞은 말을 써 보세요.

• I make sandcastles with _____ sand. 나는 젖은 모래로 모래성들을 만들어.

• In spring, the air is _____. 봄에는 공기가 건조해.

Pengsoo Wants New Shoes

펭수는 새 신발을 원해요

shoes
신발

expensive
비싼

₩70,000

₩50,000

₩30,000

₩100,000

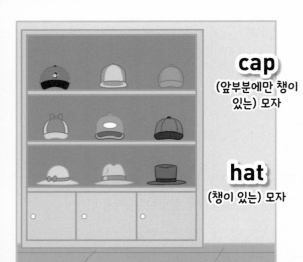

cap
(앞부분에만 챙이
있는) 모자

hat
(챙이 있는) 모자

wear
입다

coat
외투, 코트

그림을 보면서 이야기를 읽고, 빈칸에 들어갈 말을 써 보세요.

신발을 사러 쇼핑몰에 온 펭수. 쇼핑몰의 옷 가게 거울 앞에는 예쁜 노란색 ❶ ⬚⬚⬚⬚ 를 입어 보는 사람이 있네요. 펭수는 갖고 싶은 ❷ ⬚⬚⬚⬚ 을 고르느라 바빠 보여요. 펭수는 어떤 신발을 살까요?

socks
양말

T-shirt
티셔츠

pants
바지

skirt
치마

정답 ❶코트 ❷신발

단어를 들으며 세 번 따라 말하면서 네모에 체크(✓)하고, 두 번 써 보세요.

☐ wear

☐ cap

☐ hat

☐ coat

☐ pants

☐ shoes

☐ skirt

☐ socks

☐ T-shirt

☐ expensive

Step 3 · Let's Handwrite

영어 단어와 문장을 들으면서 따라 써 보고, 우리말 뜻도 써 보세요.

wear = put on
입다

cap
(앞부분에만 챙이 있는) 모자

hat
(챙이 있는) 모자

coat
외투, 코트

pants
바지

shoes
신발

> 신발, 양말 등은 2개가 항상 함께 사용되어 보통 복수형으로 써요.

skirt
치마

> shirt(셔츠)와 철자를 혼동하지 마세요.

socks
양말

T-shirt
티셔츠

expensive ↔ cheap
비싼

I want an orange T-shirt.

나는 주황색 티셔츠를 원해.

Is this your skirt?

이것은 너의 치마니?

How much are these shoes?

이 신발은 얼마예요?

This new toy is very expensive.

이 새로운 장난감은 매우 비싸.

Take off your socks.

너의 양말을 벗어.

take off ~을 벗다

A 들려주는 단어의 순서대로 번호를 쓰고, 빈칸에 단어를 쓰세요. ▶ 241031-0064

☐  ☐   ☐   ☐

B 단어와 우리말 뜻을 연결한 후, 빈칸에 단어를 쓰세요. ▶ 241031-0065

1 T-shirt •   • 신발 ----------------------------

2 shoes •   • 티셔츠 ----------------------------

3 wear •   • 입다 ----------------------------

C 우리말 뜻에 맞는 단어를 찾아 동그라미 하고 빈칸에 쓰세요. ▶ 241031-0066

가로   대각선

1 외투, 코트   4 비싼

세로

2 치마

3 바지

e	y	x	t	z	q	s	p	m
f	x	w	r	d	g	c	t	w
s	j	p	a	p	v	x	g	u
k	i	j	e	a	i	g	u	u
i	w	r	a	n	h	p	u	a
r	z	x	r	t	s	w	u	u
t	t	r	i	s	j	i	d	n
b	c	o	a	t	c	u	v	w
c	z	h	j	h	q	l	l	e

1

2

3

4

D 우리말과 같은 뜻이 되도록 빈칸에 알맞은 철자를 써서 문장을 완성하세요.

1 나는 겨울에 따뜻한 모자를 써.　　I wear a warm h ⬚⬚⬚ in winter.

2 그 티셔츠는 나에게 커.　　The T-⬚⬚⬚⬚⬚ is big for me.

3 나는 빨간색 양말과 파란색 양말을 가지고 있어.

I have red s ⬚⬚⬚⬚⬚ and blue s ⬚⬚⬚⬚⬚.

DAY 12

E 그림을 보고, 빈칸에 알맞은 말을 써서 문장을 완성하세요.　▶ 241031-0068

1

My new pants are not _____.
나의 새 바지는 비싸지 않아.

2

She likes her pretty _____.
그녀는 그녀의 예쁜 신발을 좋아해.

Let's Learn More　　추가로 알아 두면 좋은 단어를 살펴봐요!

sweater vs. jacket

펭수는 신발을 고르고 난 후 코트 안에 입을 스웨터를 골랐어요. **스웨터**는 영어로 **sweater**라고 해요. 이와 비교해서 **재킷**이라는 영어 단어는 **jacket**이랍니다. 다음 빈칸에 알맞은 말을 써 보세요.

• My favorite _____ is blue. 내가 가장 좋아하는 스웨터는 파란색이야.

• My dad wears a black _____ in his office.
나의 아빠는 사무실에서 검은색 재킷을 입으셔.

Welcome to My House

나의 집에 온 것을 환영해요

clock
시계

mirror
거울

thing
물건

brush
빗

watch
손목시계

album
사진첩, 앨범

Step 1 Let's Look & Think

그림을 보면서 이야기를 읽고, 빈칸에 들어갈 말을 써 보세요.

펭수의 집에 놀러온 것을 환영해요. 펭수네 집에 무엇이 있는지 살펴볼까요? 주방 식탁 위에는 샐러드가 담긴 ❶ ⬚⬚⬚⬚ 와 포크 등이 있어요. 거실에는 여러 물건들이 올려져 있는 탁자도 있네요. 펭수가 거실 끝에 세워져 있는 ❷ ⬚⬚⬚⬚⬚⬚ 에 자신의 모습을 비추어 보네요.

cup
컵

fork
포크

dish
접시

spoon
숟가락

정답 ❶ 접시 ❷ 거울

Step 2 Let's Listen & Speak

단어를 들으며 세 번 따라 말하면서 네모에 체크(√)하고, 두 번 써 보세요.

- ☐☐ cup
- ☐☐ dish
- ☐☐ fork
- ☐☐ spoon
- ☐☐ album
- ☐☐ brush
- ☐☐ clock
- ☐☐ watch
- ☐☐ mirror
- ☐☐ thing

영어 단어와 문장을 들으면서 따라 써 보고, 우리말 뜻도 써 보세요.

cup
컵

dish
접시

fork
포크

> pork(돼지고기)와 철자를
> 혼동하지 마세요.

spoon
숟가락

album
사진첩, 앨범

brush
빗

> hairbrush(머리빗), toothbrush(칫솔)
> 등으로 구분할 수 있어요.

clock
시계

watch
손목시계

> '보다'라는 동사의 뜻도 있어요.

mirror
거울

thing
물건

Where is my mirror?

나의 거울이 어디 있지?

Can I use your brush?

내가 너의 빗을 사용해도 되니?

I eat ice cream with a spoon.

나는 숟가락으로 아이스크림을 먹어.

I have a new watch.

나는 새 손목시계를 가지고 있어.

Bring me a cup of milk.

bring me ~ 나에게 ~을 가져다주다

우유 한 잔을 나에게 가져다줘.

A   들려주는 단어의 순서대로 번호를 쓰고, 빈칸에 단어를 쓰세요.   ▶ 241031-0069

☐    ☐    ☐    ☐

B   그림과 우리말 뜻에 맞는 단어를 써서 그림 카드를 완성하세요.   ▶ 241031-0070

1
손목시계

2
시계

3
빗

4
거울

C   나열된 철자의 순서를 바로잡아 물건과 관련된 단어를 완성하세요.   ▶ 241031-0071

1   a   b   l   m   u   _____

2   a   c   h   t   w   _____

3   b   h   r   s   u   _____

4   c   c   k   l   o   _____

D 그림을 알맞게 표현한 문장에 체크(✔)하세요. ▶ 241031-0072

1

☐ Can you pass me a spoon?
☐ Can you pass me a fork?

2

☐ Look at that shiny window!
☐ Look at that shiny mirror!

E 우리말과 같은 뜻이 되도록 단어 카드를 배열하여 문장을 완성하세요. ▶ 241031-0073

1 | What's | small | in | hand? | your | that | thing |

너의 손에 있는 저 작은 것이 무엇이니?

2 | you | hold | cup? | my | Can |

너는 내 컵을 들어 줄 수 있니?

Let's **Learn More** 추가로 알아 두면 좋은 단어를 살펴봐요!

key vs. lock

펭수는 집의 문을 잠그고 외출하려고 해요. 문을 열고 잠글 때 쓰는 도구를 **열쇠**와 **자물쇠**라고 해요. 요즘에는 지문으로 문을 열기도 하지만요. **열쇠**는 영어로 **key**예요. 그리고 **자물쇠**라는 영어 단어는 **lock**이랍니다. 다음 빈칸에 알맞은 말을 써 보세요.

• I'm looking for my room _____ . 나는 내 방 열쇠를 찾고 있어.

• The _____ on the gate is big and heavy. 대문에 있는 그 자물쇠는 크고 무거워.

Where Are Pengsoo's Things?

펭수의 물건들은 어디에 있나요?

where
어디에, 어디서, 어디로

behind
~ 뒤에

on
~ 위에

next to
~ 옆에

under
~ 아래에

in front of
~ 앞에

between
~ 사이에

Step 1   Let's Look & Think

그림을 보면서 이야기를 읽고, 빈칸에 들어
갈 말을 써 보세요.

펭수의 집에 왔으니, 펭수의 방도 구경을 해야
겠죠? 펭수 방에는 옷장, 책상, 컴퓨터 등등이
있어요. 옷장 ❶ [   ] 에는 펭수의 옷
이 있고, 책상 아래에는 장난감이 있어요. 그
럼, 펭수의 배드민턴 라켓은 ❷ [   ]
있을까요? 여러분의 방에는 어떤 것들이 있는
지 궁금하네요.

in
~ 안에

there
거기에, 저기에

here
여기에

정답 ❶ 한 ❷ 어디에

Step 2   Let's Listen & Speak

단어를 들으며 세 번 따라 말하면서 네모에 체크(✓)하고,
두 번 써 보세요.

☐ here

☐ there

☐ where

☐ in

☐ on

☐ under

☐ behind

☐ between

☐ next to

☐ in front of

영어 단어와 문장을 들으면서 따라 써 보고, 우리말 뜻도 써 보세요.

here
> hear(듣다)와는 발음은 같지만 철자와 뜻이 달라요.

여기에

there

거기에, 저기에

where

어디에, 어디서, 어디로

in

~ 안에

on
> over(~ 위에)는 물체가 떨어져서 위에 있을 때 써요.

~ 위에

under

~ 아래에

behind

~ 뒤에

between

~ 사이에

next to
= by

~ 옆에

in front of

~ 앞에

It's in front of the box.

그것은 상자 앞에 있어.

It's under the bed.

그것은 침대 아래에 있어.

It's next to the post office.

그것은 우체국 옆에 있어.

My dog is in his house.

나의 개는 그의[자기] 집 안에 있어.

동물의 성별에 따라 his, her를 쓸 수 있어요.

It's behind the curtain.

그것은 커튼 뒤에 있어.

A 들려주는 단어의 순서대로 번호를 쓰고, 빈칸에 단어를 쓰세요.

▶ 241031-0074

B 단어와 우리말 뜻을 연결한 후, 빈칸에 단어를 쓰세요.

▶ 241031-0075

1 where   •   • 여기에

2 here   •   • ~ 옆에

3 next to •   • 어디에

C 우리말 뜻에 맞는 단어를 찾아 동그라미 하고 빈칸에 쓰세요.

▶ 241031-0076

c i n r o n d t h e r e p b e t w e e n t

1 ~ 사이에 _____

2 ~ 안에 _____

3 거기에, 저기에 _____

4 ~ 위에 _____

D 우리말과 같은 뜻이 되도록 빈칸에 알맞은 철자를 써서 문장을 완성하세요. ▶ 241031-0077

1 그 고양이는 탁자 아래에 있어.　The cat is ⬚⬚⬚⬚⬚ the table.

2 여기 근처에 은행이 있어?　Is there a bank near ⬚⬚⬚⬚ ?

3 너는 어디로 가고 있니?　W⬚⬚⬚ are you going?

E 그림을 보고, 빈칸에 알맞은 말을 써서 문장을 완성하세요. ▶ 241031-0078

1 The mouse is ＿＿＿＿＿ the hat.
그 쥐가 모자 뒤에 있어.

2 The teacher stands ＿＿＿＿＿ the classroom.
그 선생님이 교실 앞에 서 계셔.

Let's **Learn More**　추가로 알아 두면 좋은 단어를 살펴봐요!

whole vs. part

펭수는 잃어버린 동전을 찾기 위해 방 전체를 구석구석 살펴봤어요. 바닥에 떨어뜨렸나 싶어서 의자 아랫부분도 찾아봤어요. 전체를 나타내는 영어 단어는 **whole**인데, **전체의**라는 의미랍니다. 이와 반대로 **부분, 일부**를 나타내는 단어는 **part**라고 해요. 다음 빈칸에 알맞은 말을 써 보세요.

• The ＿＿＿＿＿ story is really interesting. 그 전체 이야기가 정말 흥미로워.

• I want to be a ＿＿＿＿＿ of the soccer team. 나는 그 축구팀의 일원이 되고 싶어.

Where Are Pengsoo's Things? **95**

It's Time for Breakfast

아침 식사 시간이에요

breakfast
아침 식사

bread
빵

salad
샐러드

lunch
점심 식사

eat
먹다

rice
밥

dinner
저녁 식사

delicious
맛있는

cheese
치즈

steak
스테이크

그림을 보면서 이야기를 읽고, 빈칸에 들어갈 말을 써 보세요.

펭수는 오늘 하루 무엇을 먹을까요? 아침 식사로는 빵과 샐러드를, ❶ [   ] 로는 학교에서 나오는 맛있는 급식을 먹을 거예요. 저녁 식사는 ❷ [   ] 와 치즈를 먹을 거예요. 맛있는 것을 먹을 생각으로, 펭수는 무척 행복해요.

정답 ❶ 점심 식사 ❷ 스테이크

단어를 들으며 세 번 따라 말하면서 네모에 체크(✓)하고, 두 번 써 보세요.

- ☐☐ eat
- ☐☐ rice
- ☐☐ bread
- ☐☐ salad
- ☐☐ steak
- ☐☐ cheese
- ☐☐ breakfast
- ☐☐ lunch
- ☐☐ dinner
- ☐☐ delicious

영어 단어와 문장을 들으면서 따라 써 보고, 우리말 뜻도 써 보세요.

eat   = have
먹다

rice
밥

bread
빵

salad
샐러드

steak   skate(스케이트를 타다)와
스테이크   철자를 구분하세요.

cheese
치즈

breakfast
아침 식사

lunch
점심 식사

dinner
저녁 식사

delicious
맛있는

It's time for breakfast.

아침 식사 시간이야.

Cookies are delicious.

쿠키는 맛있어.

I have lunch at 12.

나는 12시에 점심을 먹어.

DAY 15

What's for dinner, Mom?

엄마, 저녁 식사는 뭐예요?

What's for ~? ~는 뭐예요?

I'd like는 I would like의 줄임말로, 무언가를
원하거나 요청할 때 사용하는 표현이에요.

I'd like a steak.

나는 스테이크를 원해요.

Step 4 Let's Practice

A 들려주는 단어의 순서대로 번호를 쓰고, 빈칸에 단어를 쓰세요.

 ▶ 241031-0079

☐ 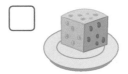　☐ 　☐ 　☐

B 단어 퀴즈를 채점하고, <u>틀린</u> 단어를 바르게 고쳐 쓰세요.　▶ 241031-0080

단어 퀴즈		바르게 고치기
1 맛있는	dilisious	
2 밥	lice	
3 먹다	eat	
4 점심 식사	runch	

C 우리말 뜻에 맞게 퍼즐의 빈칸에 알맞은 단어를 쓰세요.　▶ 241031-0081

가로
1 샐러드
3 아침 식사

세로
2 저녁 식사
4 빵

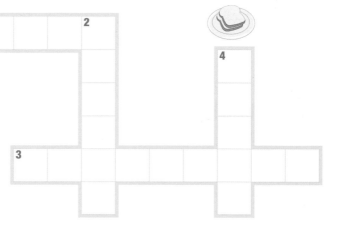

D 우리말과 같은 뜻이 되도록 빈칸에 알맞은 단어를 쓰세요. ▶ 241031-0082

1 Let's go outside after _____! 점심 식사 후에 밖에 나가자!

2 I'm eating _____ with butter. 나는 버터와 함께 빵을 먹는 중이야.

3 I _____ breakfast every morning.
나는 매일 아침에 아침 식사를 먹어.

E 우리말과 같은 뜻이 되도록 단어 카드를 배열하여 문장을 완성하세요. ▶ 241031-0083

1 | delicious. | ice | cream | This | is |

_____
이 아이스크림은 맛있어.

2 | like | on | I | my | pizza. | cheese |

_____
나는 나의 피자 위에 있는 치즈를 좋아해.

DAY 15

Let's Learn More 추가로 알아 두면 좋은 단어를 살펴봐요!

egg vs. meat

건강한 식사를 위해서는 영양소를 골고루 섭취하는 것이 중요해요. 그중에서 단백질은 고기에 많이 들어 있어요. **고기**는 영어 단어로 **meat**라고 해요. 달걀도 단백질이 많이 들어 있는 음식 중 하나예요. **달걀**은 영어 단어로 **egg**라고 하지요. 다음 빈칸에 알맞은 말을 써 보세요.

• My favorite food is a _____ taco. 내가 가장 좋아하는 음식은 고기 타코야.

• We can have an _____ salad for lunch.
우리는 점심 식사로 달걀 샐러드를 먹을 수 있어.

A 영어 단어에는 우리말 뜻을, 우리말 뜻에는 영어 단어를 쓰세요.　241031-0084

1	big	_____	11	가벼운	_____
2	T-shirt	_____	12	입다	_____
3	brush	_____	13	손목시계	_____
4	in	_____	14	~ 아래에	_____
5	rice	_____	15	뚱뚱한; 지방	_____
6	short	_____	16	샐러드	_____
7	mirror	_____	17	외투, 코트	_____
8	skirt	_____	18	~ 앞에	_____
9	between	_____	19	사진첩, 앨범	_____
10	bread	_____	20	스테이크	_____

B 우리말과 같은 뜻이 되도록 알맞은 단어에 체크(✔)하세요.　241031-0085

1 그 뱀은 길고 가늘어.　The snake is long and ☐ fat ☐ slim .

2 나의 신발은 빨간색이야.　My ☐ shoes ☐ socks are red.

3 너는 포크를 사용할 수 있어.　You can use a ☐ fork ☐ spoon .

4 너의 짝 옆에 앉아.　Sit ☐ next to ☐ behind your partner.

5 나의 엄마는 나를 위해 맛있는 아침 식사를 매일 만들어 주셔.

My mom makes delicious ☐ lunch ☐ breakfast for me every day.

C 우리말과 같은 뜻이 되도록 빈칸에 알맞은 단어를 보기에서 골라 쓰세요. ▶ 241031-0086

1 The giraffe is very _____ .

기린은 매우 키가 커.

2 Put your book _____ your desk.

네 책을 너의 책상 위에 놓아둬.

3 Wash your hands before _____ .

저녁 식사 전에 너의 손을 씻어.

4 What size are these _____ ?

이 바지는 몇 사이즈예요?

5 That is a special _____ from my grandmother.

저것은 할머니께서 주신 특별한 시계야.

보기
tall
pants
clock
on
dinner

D 그림을 보고, 빈칸에 알맞은 단어를 쓰세요. ▶ 241031-0087

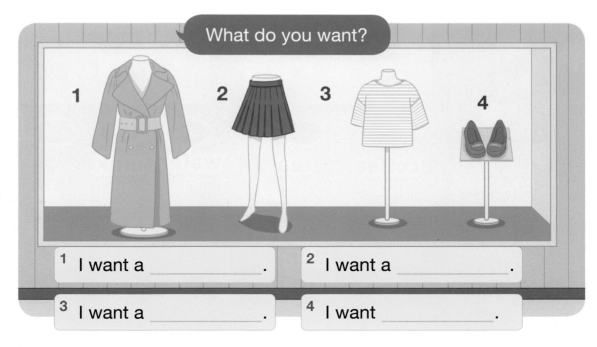

What do you want?

1 2 3 4

¹ I want a _____ .

² I want a _____ .

³ I want a _____ .

⁴ I want _____ .

What's Your Favorite Drink?

네가 가장 좋아하는 음료는 뭐니?

Step 1 Let's Look & Think

그림을 보면서 이야기를 읽고, 빈칸에 들어갈 말을 써 보세요.

목이 마른 펭수가 음료수 자판기 앞에 있어요. 자판기에는 물, 우유, 주스, 차, 커피 등 다양한 음료가 있

네요. 음료를 사려면 자판기에 ❶ [   ] 을 넣고 음료를 고르면 돼요. 펭수는 ❷ [   ]

를 골랐네요. 여러분은 어떤 음료를 마시고 싶나요?

hot
뜨거운, 더운
hot

cold
차가운, 추운
cold

coffee
coffee
커피

tea
tea
차, 홍차

water
water
물

milk
milk
우유

juice
juice
주스

coin
coin
동전

단어를 들으며 세 번 따라 말하면서 네모에 체크(✔)하고,
두 번 써 보세요.

thirsty
목이 마른

drink
마시다; 음료

☐ drink

☐ hot

☐ cold

☐ tea

☐ milk

☐ water

☐ juice

☐ coffee

☐ thirsty

☐ coin

영어 단어와 문장을 들으면서 따라 써 보고, 우리말 뜻도 써 보세요.

drink
마시다; 음료

hot
뜨거운, 더운

> hot (뜨거운) ↔ cold (차가운)
> warm (따뜻한) ↔ cool (시원한)

cold
차가운, 추운

tea
차, 홍차

milk
우유

water
물

juice
주스

coffee
커피

thirsty
목이 마른

coin
동전

> '지폐'는 bill이라고 해요.

The coffee is too hot.

그 커피는 너무 뜨거워.

I like cold winter.

나는 추운 겨울을 좋아해.

'~하자'라고 제안할 때 Let's 뒤에 동사를 써서 말하면 돼요.

Let's have some banana juice.

바나나주스를 좀 마시자.

Do you want some water?

너는 물을 좀 원하니?

I drink milk every day.

나는 매일 우유를 마셔.

A 들려주는 단어의 순서대로 번호를 쓰고, 빈칸에 단어를 쓰세요.　　▶ 241031-0088

　☐ 　☐ 　☐

B 그림과 단어에 맞는 우리말 뜻을 연결하세요.　　▶ 241031-0089

1　　coin　•　•　우유

2　　milk　•　•　목이 마른

3　　thirsty　•　•　동전

C 우리말 뜻에 맞게 퍼즐의 빈칸에 알맞은 단어를 쓰세요.　　▶ 241031-0090

가로
1 뜨거운, 더운
4 물

세로
2 목이 마른
3 차, 홍차

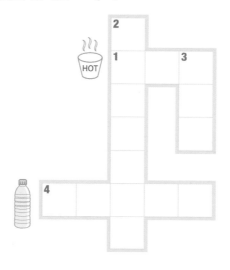

D 우리말과 같은 뜻이 되도록 빈칸에 알맞은 단어를 쓰세요.　▶ 241031-0091

1 나는 우유를 좋아해.　➡ I like ＿＿＿＿＿＿.

2 이 수프는 뜨거워.　➡ This soup is ＿＿＿＿＿＿.

3 나는 오렌지주스를 마셔.　➡ I drink orange ＿＿＿＿＿＿.

E 우리말과 같은 뜻이 되도록 단어 카드를 배열하여 문장을 완성하세요.　▶ 241031-0092

1 | cold. | is | The | water |

＿＿＿＿＿＿＿＿＿＿＿＿＿＿＿＿＿＿＿＿＿＿＿＿＿＿＿

그 물은 차가워.

2 | This | is | tasty. | coffee |

＿＿＿＿＿＿＿＿＿＿＿＿＿＿＿＿＿＿＿＿＿＿＿＿＿＿＿

이 커피는 맛있어.

Let's **Learn More** 추가로 알아 두면 좋은 단어를 살펴봐요!

glass vs. mug

펭수가 주스를 유리잔에 따르고 있어요. 펭수 엄마는 머그잔에 뜨거운 커피를 담아 마시고 있어요. 주로 시원한 음료를 담는 **유리잔**은 glass라고 하고, 차나 커피와 같은 따뜻한 음료를 담는 **머그잔**은 mug라고 해요. 다음 빈칸에 알맞은 말을 써 보세요.

• Please fill this ＿＿＿＿＿＿ with water. 이 유리잔을 물로 채워 주세요.

• I will buy this ＿＿＿＿＿＿ as a gift. 나는 이 머그잔을 선물로 살 거야.

DAY 17 Look at the Sky!

하늘을 봐!

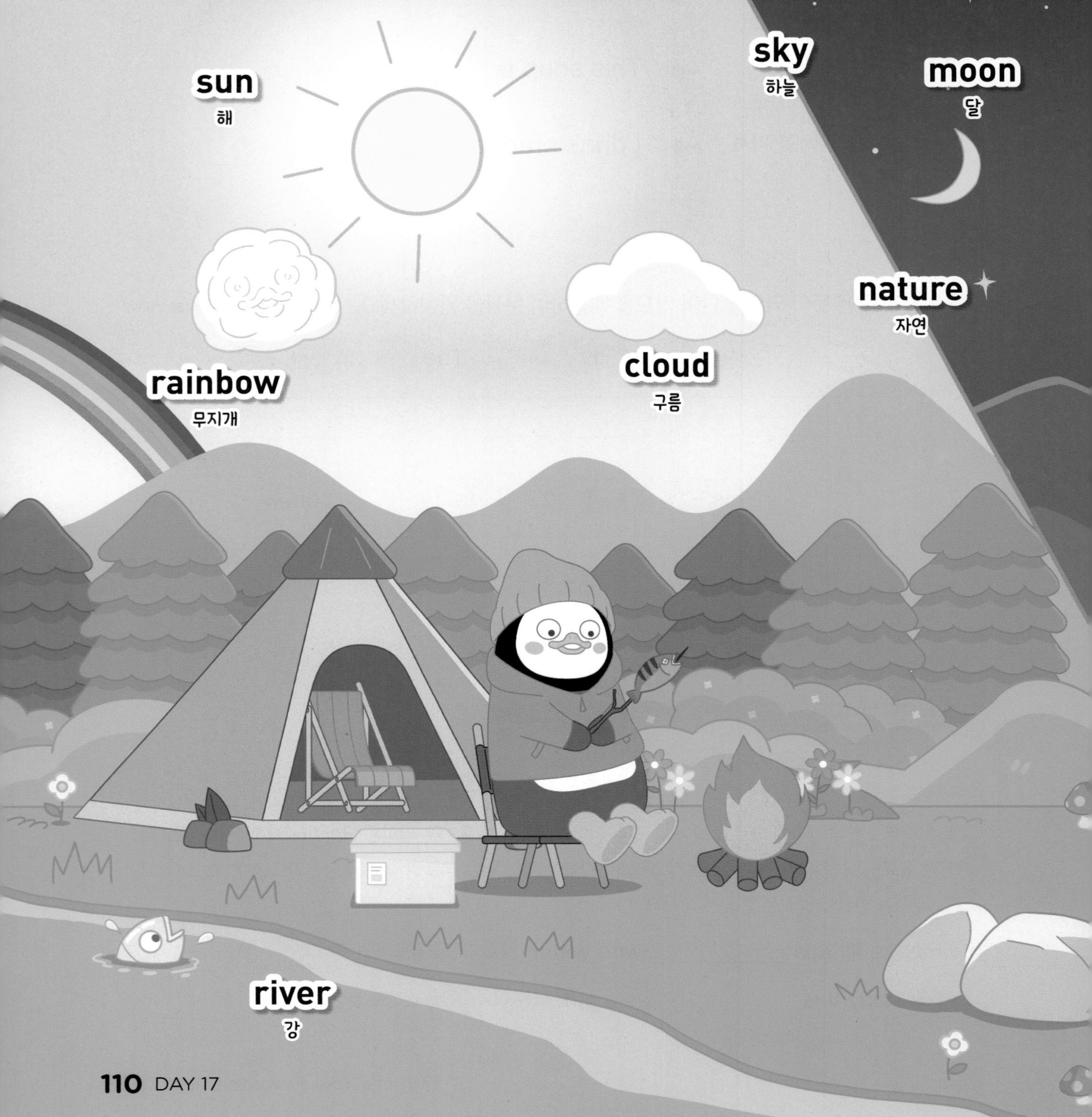
sky
하늘
moon
달
sun
해
nature
자연
rainbow
무지개
cloud
구름
river
강

그림을 보면서 이야기를 읽고, 빈칸에 들어 갈 말을 써 보세요.

캠핑을 간 펭수! 소나기가 지나간 하늘에는 해와 일곱 색깔 ❶ [_____] 가 떠 있어요. 펭수는 강가에서 물고기도 잡고 즐거운 시간을 보내요. 저기 봐요! 펭수를 닮은 ❷ [_____] 이 떠 있네요. 시간이 흘러 밤이 되자, 초승달과 반짝이는 별이 보여요.

star
별

mountain
산

look at
~을 보다

정답 ❶ 무지개 ❷ 구름

단어를 들으며 세 번 따라 말하면서 네모에 체크(√)하고, 두 번 써 보세요.

☐ nature

☐ sky

☐ star

☐ sun

☐ moon

☐ river

☐ cloud

☐ mountain

☐ rainbow

☐ look at

영어 단어와 문장을 들으면서 따라 써 보고, 우리말 뜻도 써 보세요.

nature
자연

sky
하늘

star
별

> 가수, 배우, 운동선수 등 유명한 사람을 가리키기도 해요.

sun
해

moon
달

river
강

cloud
구름

mountain
산

rainbow
무지개

look at
~을 보다

📖

The mountain is very high.

그 산은 매우 높아.

📖

That star is bright.

저 별은 밝아.

📖

The sky is blue.

하늘은 파란색이야.

💬

Look at the butterfly.

그 나비를 봐.

💬

They catch fish in the river.

그들은 강에서 물고기를 잡아.

DAY 17

A 들려주는 단어의 순서대로 번호를 쓰고, 빈칸에 단어를 쓰세요.

241031-0093

B 단어와 우리말 뜻을 연결한 후, 빈칸에 단어를 쓰세요.

241031-0094

1 star •   • 강

2 river •   • 자연

3 nature •   • 별

C 우리말 뜻에 맞는 단어를 찾아 동그라미 하고 빈칸에 쓰세요.

241031-0095

가로	세로
1 자연	3 구름
2 달	4 해

1

2

3

4

```
q z u y g h f v
n a t u r e c a
w y j l b r l g
r c s p d p o k
l r u q b a u b
w y n w x c d z
x m o o n b f s
```

D 우리말과 같은 뜻이 되도록 빈칸에 알맞은 철자를 써서 문장을 완성하세요. ▶ 241031-0096

1 하늘이 맑아.　　The s ☐☐ is clear.

2 나는 강에서 배를 타.　　I ride a boat in the r ☐☐☐☐.

3 그의 얼굴을 봐.　　L ☐☐☐ ☐☐☐ his face.

E 그림을 보고, 빈칸에 알맞은 말을 써서 문장을 완성하세요. ▶ 241031-0097

1

He is going up the _____.
그는 산을 오르고 있어.

2

A _____ has seven colors.
무지개는 일곱 가지 색을 가지고 있어.

Let's **Learn More** 　추가로 알아 두면 좋은 단어를 살펴봐요!

natural vs. magical

자연 생태 공원에 놀러간 펭수는 어두워진 저녁 하늘에서 유성이 떨어지는 것을 봤어요. 마법 같은 순간을 맞은 펭수. 소원을 빌었을까요? 영어 단어 뒤에 **-al**이 붙으면 **~한 성질을 가진, ~한**이란 뜻이 더해져서 **magical**은 **마법 같은**이라는 의미가 된답니다. **nature**(자연)와 **natural**(자연적인)도 같은 방식이에요. 다음 빈칸에 알맞은 말을 써 보세요.

• The park has a _____ lake. 그 공원은 자연 호수를 가지고 있다.

• This is a _____ moment. 이것은 마법 같은 순간이다.

DAY 17

DAY 18

I Have Five Classes

나는 다섯 개의 수업이 있어

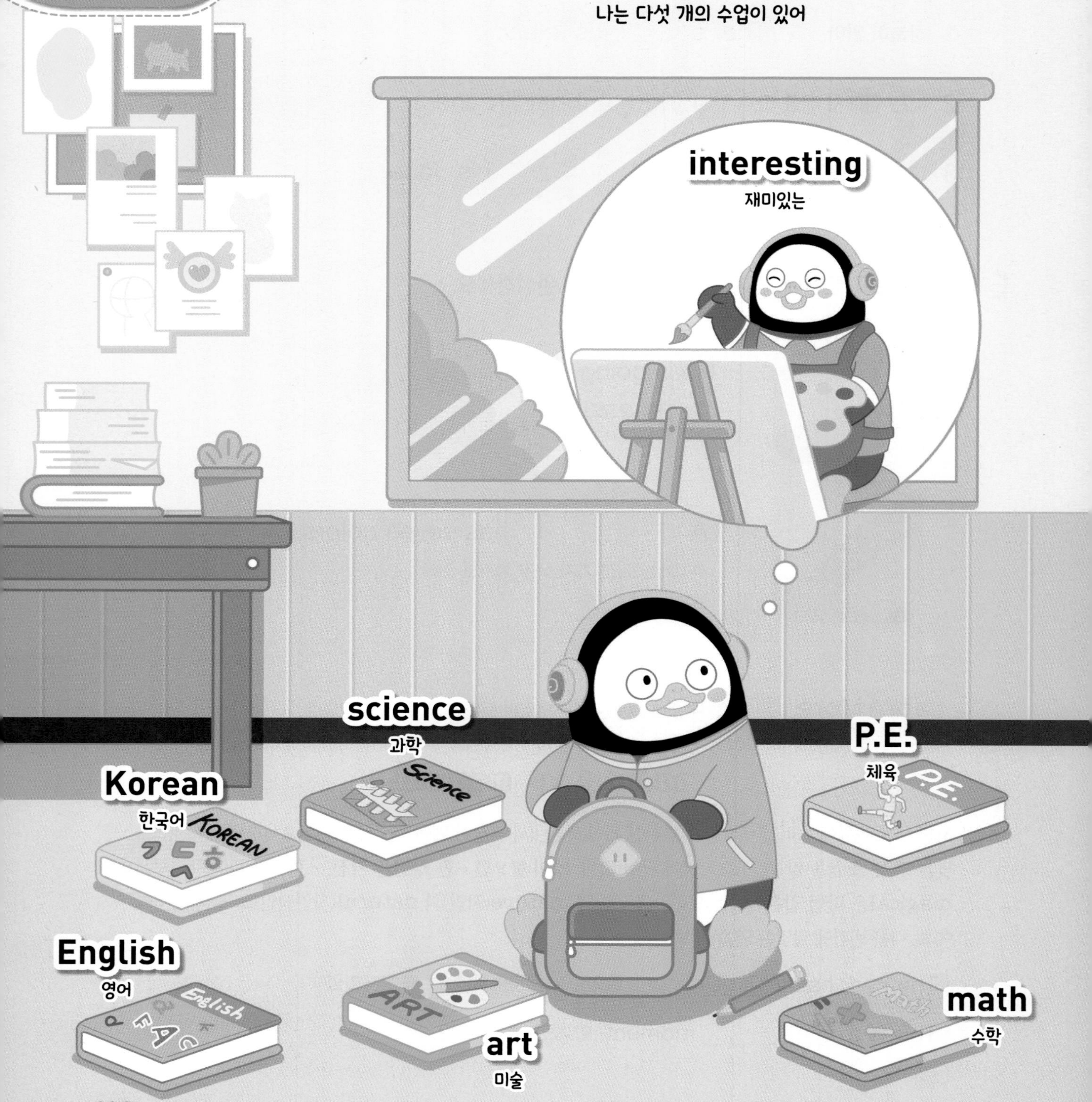

interesting
재미있는
science
과학
Science
P.E.
체육
P.E.
Korean
한국어
KOREAN
ㄱ ㄷ ㅎ
English
영어
English
ART
Math
math
수학
art
미술

Step 1 Let's Look & Think

그림을 보면서 이야기를 읽고, 빈칸에 들어갈 말을 써 보세요.

펭수가 월요일에 가져갈 교과서를 챙기고 있어요. 5교시 수업이 있네요. 지구와 물질에 관해 배우는 과학, 덧셈과 뺄셈을 공부하는 ❶ _____ , 노래 연습을 하는 음악, 그림을 그리는 ❷ _____ , 축구를 하는 체육까지! 모두 다 재미있어요.

class 수업

	MON	
1	Science	
2	Math	
3	Music	
4	Art	
5	P.E.	

music 음악

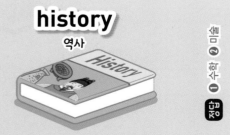
history 역사

정답 ❶ 수학 ❷ 미술

Step 2 Let's Listen & Speak

단어를 들으며 세 번 따라 말하면서 네모에 체크(✓)하고, 두 번 써 보세요.

☐ class _____
☐ art _____
☐ P.E. _____
☐ math _____
☐ science _____
☐ music _____
☐ history _____
☐ Korean _____
☐ English _____
☐ interesting _____

영어 단어와 문장을 들으면서 따라 써 보고, 우리말 뜻도 써 보세요.

class
수업

art
미술

P.E.
체육

> Physical Education
> 의 줄임말

math
수학

> mathematics의 줄임말

science
과학

music
음악

history
역사

Korean
한국어

> 언어를 가리키는 과목은
> 첫 글자를 대문자로 써요.

English
영어

interesting
재미있는

I have an art class today.

나는 오늘 미술 수업이 있어.

I like Korean history.

나는 한국 역사를 좋아해.

Korean은 '한국의'라는 뜻으로도 쓰여요.

I am good at math.

나는 수학을 잘해.

Can you speak English?

너는 영어를 말할 수 있니?

The book is interesting.

그 책은 재미있어.

DAY 18

A 들려주는 단어의 순서대로 번호를 쓰고, 빈칸에 단어를 쓰세요. ▶ 241031-0098

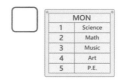

B 그림과 우리말 뜻에 맞는 단어를 써서 그림 카드를 완성하세요. ▶ 241031-0099

1

과학

2
한국어

3
수학

4

음악

C 나열된 철자의 순서를 바로잡아 과목과 관련된 단어를 완성하세요. ▶ 241031-0100

1 a e o K n r _____

2 i o y h r t s _____

3 e e i c c n s _____

4 E i g l n h s _____

D 그림을 알맞게 표현한 문장에 체크(✔)하세요.　　　　　　　　▶ 241031-0101

1

☐ I like math.
☐ I am good at art.

2

☐ The movie is interesting.
☐ The movie is sad.

E 우리말과 같은 뜻이 되도록 단어 카드를 배열하여 문장을 완성하세요.　　　　▶ 241031-0102

1　don't　today.　English　class　have　an　I

　　　　　　　　　　　　　　　　　　　　　　　　　　나는 오늘 영어 수업이 없다.

2　am　a　history　book.　I　reading

　　　　　　　　　　　　　　　　　　　　　　　　　　나는 역사책을 읽고 있다.

Let's **Learn More**　　추가로 알아 두면 좋은 단어를 살펴봐요!

timetable vs. subject

교실에 들어와서 자리에 앉은 펭수는 칠판 옆의 수업 시간표를 보고, 오늘 다섯 과목의 수업이 있는 것을 확인했어요. **시간표**는 영어로 timetable이라고 하고 영어, 수학, 체육 등의 **과목**은 subject라고 합니다. 다음 빈칸에 알맞은 말을 써 보세요.

• People are looking at the bus _____. 사람들이 버스 시간표를 보고 있어.

• English is my favorite _____. 영어는 내가 제일 좋아하는 과목이야.

DAY 18

I Like Animals

나는 동물들을 좋아해

zoo
동물원

monkey
원숭이

animal
동물

giraffe
기린

turtle
거북이

bear
곰

tiger
호랑이

Step 1 Let's Look & Think

그림을 보면서 이야기를 읽고, 빈칸에 들어 갈 말을 써 보세요.

오늘 펭수는 여러 동물들을 볼 수 있는 ❶ [   ] 에 왔어요. 나무를 타는 원숭 이와 긴 코로 먹이를 먹는 ❷ [   ] 가 있어요. 낮잠을 자는 호랑이와 사자가 있고 어슬 렁거리는 곰도 있네요. 여러분은 어떤 동물을 좋 아하나요?

elephant
코끼리

see
보다

lion
사자

정답 ❶ 동물원 ❷ 코끼리

Step 2 Let's Listen & Speak

단어를 들으며 세 번 따라 말하면서 네모에 체크(✔)하고, 두 번 써 보세요.

☐☐ see

☐☐ zoo

☐☐ animal

☐☐ bear

☐☐ lion

☐☐ tiger

☐☐ turtle

☐☐ giraffe

☐☐ monkey

☐☐ elephant

영어 단어와 문장을 들으면서 따라 써 보고, 우리말 뜻도 써 보세요.

see   = watch

보다

zoo

동물원

animal

동물

bear

곰

lion

사자

tiger

호랑이

turtle

거북이

giraffe

기린

monkey

원숭이

elephant

코끼리

What do you see?
너는 무엇을 보니?

I go to the zoo today.
나는 오늘 동물원에 간다.

Elephants drink water in the river.
코끼리들은 강에서 물을 마신다.

Monkeys are cute.
원숭이들은 귀엽다.

What is your favorite animal?
네가 가장 좋아하는 동물은 무엇이니?

What is your favorite ~?을 사용하여
가장 좋아하는 것을 물어볼 수 있어요.

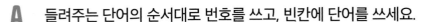

Step 4 Let's Practice

A 들려주는 단어의 순서대로 번호를 쓰고, 빈칸에 단어를 쓰세요. ▶ 241031-0103

　☐
　☐
　☐
　☐

B 그림에 맞는 단어가 되도록 철자의 순서를 바로잡아 단어를 완성하세요. ▶ 241031-0104

1 a e r b → _____

2 e r u t t l → _____

3 g r e i t → _____

C 우리말 뜻에 맞는 단어를 찾아 동그라미 하고 빈칸에 쓰세요. ▶ 241031-0105

n l i o n w a n i m a l p s e e l z o o u

1 동물원 _____

2 동물 _____

3 사자 _____

4 보다 _____

D 우리말과 같은 뜻이 되도록 빈칸에 알맞은 철자를 써서 문장을 완성하세요.　　　▶ 241031-0106

1 우리는 동물원에 갈 것이다.　　We will go to the z☐☐☐.

2 사자는 정글의 왕이다.　　The l☐☐☐☐ is the king of the jungle.

3 기린은 긴 목을 가지고 있다.

　　　　The g☐☐☐☐☐☐☐ has a long neck.

E 그림을 보고, 빈칸에 알맞은 말을 써서 문장을 완성하세요.　　　▶ 241031-0107

1

This is an African _____.
이것은 아프리카 코끼리입니다.

2

Don't give snacks to the _____, please.
원숭이들에게 과자를 주지 마세요.

Let's **Learn More**　　추가로 알아 두면 좋은 단어를 살펴봐요!

outdoor vs. indoor

동물원 나들이를 마치고 야외 스포츠를 즐기려던 펭수, 갑자기 비가 와서 실내 스포츠를 하기로 했어요. 실내 스포츠로는 농구, 배구 등이 있어요. (건물 밖) **야외의**라는 의미의 영어 단어는 **outdoor**이고, (건물 안) **실내의**라는 의미의 단어는 **indoor**라고 해요. 그럼 야외 스포츠는 outdoor sports, 실내 스포츠는 indoor sports라고 하겠죠? 다음 빈칸에 알맞은 말을 써 보세요.

• She is reading a book at an _____ table. 그녀는 야외 테이블에서 책을 읽고 있다.

• Board games are great _____ activities. 보드게임은 훌륭한 실내 활동이다.

DAY 19

I Like Animals **127**

Have Fun at the Park!

공원에서 즐거운 시간을 가지세요!

Step 1 Let's Look & Think

그림을 보면서 이야기를 읽고, 빈칸에 들어갈 말을 써 보세요.

강변 공원에 많은 사람들이 있네요. 사람들은 달리기를 하고, 춤을 추기도 하고, 암벽을
❶ _____ . 한 소녀는 강아지와 함께 ❷ _____ . 그런데 강에서 수영하는 것은 위험하겠
죠? 펭수는 무엇을 하고 있는지 찾아볼까요?

walk
걷다

jump
점프하다

swim
수영하다

dive
(물속으로) 뛰어들다

run
달리다

fly
날다, 날리다

climb
오르다

dance
춤추다; 춤

kick
(발로) 차다

skate
스케이트를 타다

단어를 들으며 세 번 따라 말하면서 네모에 체크(✔)하고,
두 번 써 보세요.

☐ fly

☐ run

☐ walk

☐ swim

☐ dance

☐ dive

☐ kick

☐ jump

☐ climb

☐ skate

영어 단어와 문장을 들으면서 따라 써 보고, 우리말 뜻도 써 보세요.

fly

날다, 날리다

run

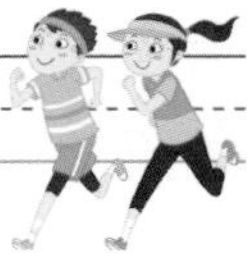

달리다

walk

걷다

take a walk 산책하다

swim

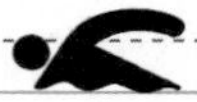

수영하다

dance

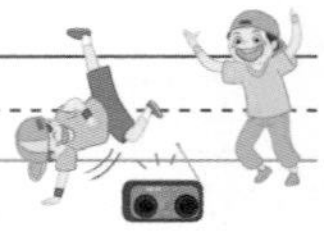

춤추다; 춤

dive

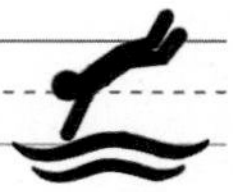

(물속으로) 뛰어들다

kick

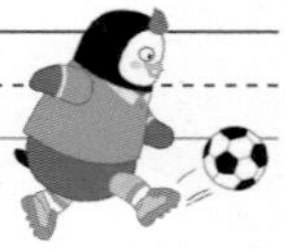

(발로) 차다

jump

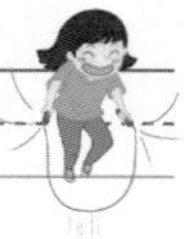

점프하다

climb의 마지막 b는
묵음으로 발음하지 않아요.

climb

오르다

skate

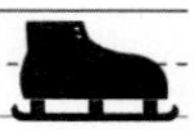

스케이트를 타다

I can run fast.

나는 빠르게 달릴 수 있어.

I climb mountains on weekends.

나는 주말마다 산을 오른다.

Birds fly in the sky.

새들이 하늘을 난다.

Don't dive in the swimming pool.

수영장에 뛰어들지 마세요.

'금지'의 표현을 할 때
Don't ~를 사용해요.

Can you kick the ball?

너는 그 공을 찰 수 있니?

A 들려주는 단어의 순서대로 번호를 쓰고, 빈칸에 단어를 쓰세요.   ▶ 241031-0108

1

2

3

4

B 단어 퀴즈를 채점하고, <u>틀린</u> 단어를 바르게 고쳐 쓰세요.   ▶ 241031-0109

단어 퀴즈		바르게 고치기
1 걷다	wake	
2 오르다	clime	
3 (발로) 차다	kik	
4 춤추다	dance	

C 우리말 뜻에 맞는 단어를 찾아 동그라미 하고 빈칸에 쓰세요.   ▶ 241031-0110

가로

1 (물속으로) 뛰어들다
2 스케이트를 타다

세로

3 (발로) 차다
4 달리다

1

2

3

4

t	n	e	b	f	y	r
n	u	a	j	h	y	u
d	i	v	e	w	k	n
g	i	y	k	k	i	d
b	d	m	r	h	c	o
s	k	a	t	e	k	n

D 우리말과 같은 뜻이 되도록 빈칸에 알맞은 단어를 쓰세요.　▶ 241031-0111

1 I am learning hip-hop _____.　나는 힙합 춤을 배우고 있어.

2 Some birds can't _____.　몇몇 새들은 날 수 없어.

3 Can we _____ in the river?　우리가 강에서 수영해도 되나요?

4 She _____s to school.　그녀는 학교에 걸어가.

E 우리말과 같은 뜻이 되도록 단어 카드를 배열하여 문장을 완성하세요.　▶ 241031-0112

1　the　　bed.　　on　　jump　　The　　children

_____

- -
　　　　　　　　　　　　　　　　　　그 아이들은 침대 위에서 뛰어.

2　　the　　park.　　I　　in　　run

_____

- -
　　　　　　　　　　　　　　　　　　나는 공원에서 달려.

Let's Learn More　　추가로 알아 두면 좋은 단어를 살펴봐요!

stretch vs. bend

요가 수업에 온 펭수는 요가 강사의 말에 따라 팔을 위로 쭉 뻗어 10을 세고, 그다음에는 무릎을 굽히는 동작을 해요. **(팔이나 다리 등을) 뻗다, (신체 부위나 물건 등을) 늘이다**라는 단어는 stretch라고 해요. **구부리다, 숙이다**라는 영어 단어는 bend예요. 다음 빈칸에 알맞은 말을 써 보세요.

- _____ your arm and grab the handle. 팔을 뻗어 손잡이를 잡으세요.

- Now, _____ your knees. 이제, 무릎을 굽히세요.

DAY 20

A 영어 단어에는 우리말 뜻을, 우리말 뜻에는 영어 단어를 쓰세요.　241031-0113

1	milk	_____	11	과학	_____
2	water	_____	12	해	_____
3	fly	_____	13	춤추다; 춤	_____
4	run	_____	14	동물	_____
5	sky	_____	15	구름	_____
6	Korean	_____	16	목이 마른	_____
7	art	_____	17	음악	_____
8	climb	_____	18	역사	_____
9	walk	_____	19	곰	_____
10	star	_____	20	산	_____

B 우리말과 같은 뜻이 되도록 알맞은 단어에 체크(✔)하세요.　241031-0114

1 나는 가방 안에 동전들을 가지고 있어. I have ☐ bills ☐ coins in my bag.

2 그 사과파이는 뜨거워. The apple pie is ☐ hot ☐ cold .

3 그 소년들은 공을 세게 차. The boys ☐ jump ☐ kick the ball hard.

4 차를 좀 마실래? Do you want some ☐ tea ☐ water ?

5 그 뮤지컬은 재미있어. The musical is ☐ sad ☐ interesting .

C 우리말과 같은 뜻이 되도록 빈칸에 알맞은 단어를 보기에서 골라 쓰세요. ▶ 241031-0115

1 [   ] is beautiful.
자연은 아름다워.

2 The water is too [   ].
그 물은 너무 차가워.

3 Do you like [   ]?
너는 수학을 좋아하니?

4 Look at that full [   ] in the sky! 하늘에 있는 저 보름달을 봐!

5 Can you [   ] into the water? 너는 물속으로 뛰어들 수 있니?

보기
math
dive
nature
moon
cold

D 그림을 보고, 빈칸에 알맞은 단어를 쓰세요. ▶ 241031-0116

What do you see at the zoo?

2 I see a [   ].

1 I see a [   ].

3 I see an [   ].

4 I see a [   ].

135

I Clean My House Every Day

나는 집을 매일 청소해

open
열다

hang
걸다

clean
닦다, 청소하다

close
닫다

fix
고치다

make
만들다

wash
씻다

bake
굽다

Step 1   Let's Look & Think

그림을 보면서 이야기를 읽고, 빈칸에 들어갈 말을 써 보세요.

오늘 펭수 가족은 다 함께 청소와 여러 가지 집안일을 하고 있어요. 창문을 닫고 천으로 창문을 ❶ [＿＿＿＿] . 그림을 벽에 걸고, 망가진 의자를 ❷ [＿＿＿＿] . 설거지를 하고 쓰레기도 내다 버려요. 펭수는 가족을 위해 쿠키를 굽고 있네요.

take out
(쓰레기를) 내다 버리다

trash
쓰레기

Step 2   Let's Listen & Speak

단어를 들으며 세 번 따라 말하면서 네모에 체크(✔)하고, 두 번 써 보세요.

☐ make

_____

☐ bake

_____

☐ open

_____

☐ close

_____

☐ fix

_____

☐ clean

_____

☐ wash

_____

☐ hang

_____

☐ trash

_____

☐ take out

_____

영어 단어와 문장을 들으면서 따라 써 보고, 우리말 뜻도 써 보세요.

make
만들다

bake
굽다

open
열다

close
닫다

fix
고치다

clean
닦다, 청소하다

wash
씻다

hang
걸다

trash = waste, garbage
쓰레기

take out
(쓰레기를) 내다 버리다

I'm cleaning my room.

나는 내 방을 청소하고 있어.

I wash my face.

나는 세수를 해.

Can you open the window?

너는 창문을 열어 줄 수 있니?

Please take out the trash.

그 쓰레기를 내다 버려 주세요.

I'll make some sandwiches.

내가 샌드위치를 좀 만들게.

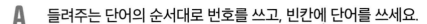

Step 4 · Let's Practice

A 들려주는 단어의 순서대로 번호를 쓰고, 빈칸에 단어를 쓰세요.

 ▶ 241031-0117

B 그림과 단어에 맞는 우리말 뜻을 연결하세요.

▶ 241031-0118

1 open • • (쓰레기를) 내다 버리다

2 take out • • 걸다

3 hang • • 열다

C 우리말 뜻에 맞게 퍼즐의 빈칸에 알맞은 단어를 쓰세요.

▶ 241031-0119

가로

1 닦다, 청소하다

3 만들다

세로

2 닫다

4 쓰레기

D 우리말과 같은 뜻이 되도록 빈칸에 알맞은 단어를 쓰세요. ▶ 241031-0120

DAY 21

1 I _____ cookies. 나는 쿠키를 구워.

2 Can you _____ my bike? 내 자전거를 고쳐 줄 수 있니?

3 I _____ the dishes. 나는 설거지를 해.

E 우리말과 같은 뜻이 되도록 단어 카드를 배열하여 문장을 완성하세요. ▶ 241031-0121

1   the   gate?   you   open   Can

_____

....

그 대문을 열어 줄 수 있니?

2   make   will   a   chocolate   cake.   I

_____

....

나는 초콜릿케이크를 만들 거야.

Let's **Learn More** 추가로 알아 두면 좋은 단어를 살펴봐요!

go to bed vs. make the bed

펭수는 어젯밤 책을 읽다가 늦게 자러 갔지만 아침에는 일찍 일어났어요. 일어나서 침대를 정돈하고 상쾌하게 하루를 시작해요. **자러 가다, 잠자리에 들다**는 go to bed라고 하고, **침대를 정리 정돈하다**는 make the bed라고 해요. 다음 빈칸에 알맞은 말을 써 보세요.

• I _____ _____ _____ at nine. 나는 9시에 자러 가.

• Do you _____ _____ _____ in the morning?
  너는 아침에 침대를 정돈하니?

DAY 22

How Do You Go There?

너는 그곳에 어떻게 가니?

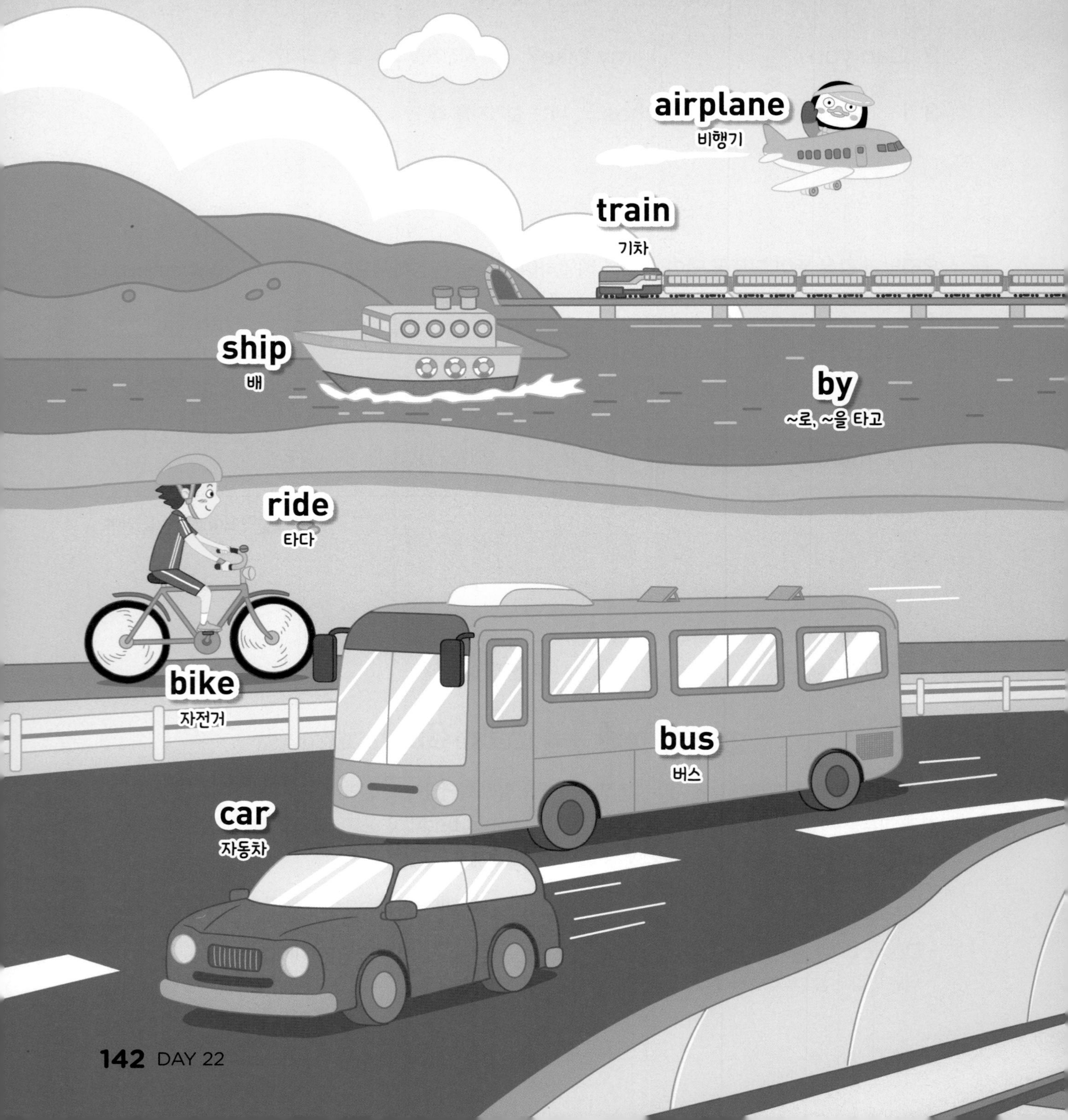
airplane
비행기
train
기차
ship
배
by
~로, ~을 타고
ride
타다
bike
자전거
bus
버스
car
자동차

그림을 보면서 이야기를 읽고, 빈칸에 들어갈 말을 써 보세요.

펭수가 여행을 가요. 다양한 교통수단이 있네요. 도로 위에는 버스, 자동차, 자전거가 다녀요. 철로 위에는 ❶ [   ] 가 있고 땅속으로는 지하철도 다녀요. 바다의 ❷ [   ] 와 하늘의 비행기도 있지요. 여행을 떠나는 펭수는 어떤 교통수단을 이용하고 있는지 찾아볼까요?

on foot
걸어서

subway
지하철

정답 ❶ 기차 ❷ 배

단어를 들으며 세 번 따라 말하면서 네모에 체크(✔)하고, 두 번 써 보세요.

☐☐ by

☐☐ car

☐☐ bus

☐☐ ride

☐☐ bike

☐☐ train

☐☐ ship

☐☐ subway

☐☐ airplane

☐☐ on foot

Step 3 Let's Handwrite

영어 단어와 문장을 들으면서 따라 써 보고, 우리말 뜻도 써 보세요.

by
~로, ~을 타고

bye(안녕, 잘 가)와 같은 소리가 나지만 다른 단어예요.

car
자동차

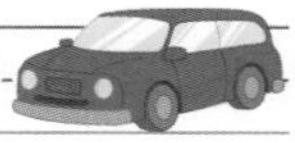

bus
버스

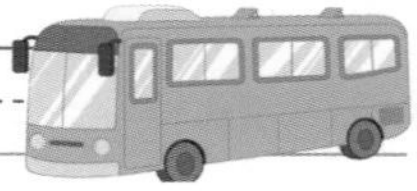

ride
타다

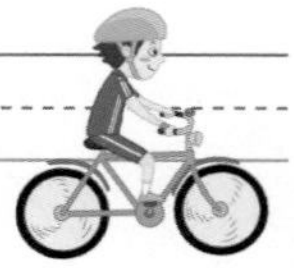

bike
자전거

= bicycle

train
기차

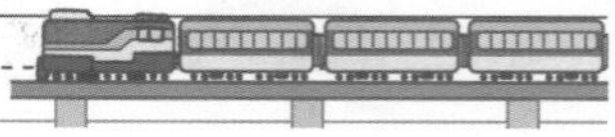

ship
배

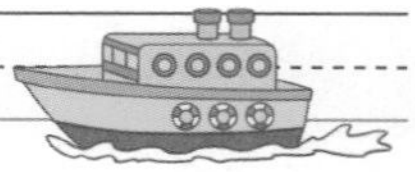

subway
지하철

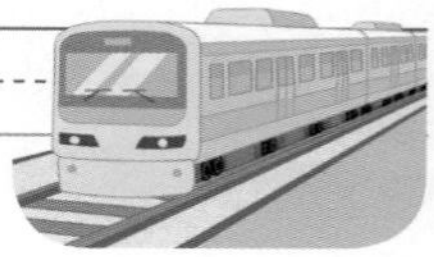

airplane
비행기

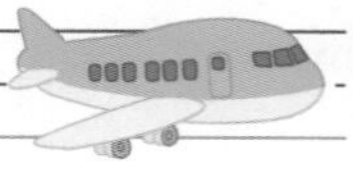

on foot
걸어서

You need a train ticket.
너는 기차표가 필요해.

I go to school on foot.
나는 걸어서 학교에 가.

A car is coming.
차가 오고 있어.

Where is the bus stop?
버스 정류장은 어디에 있나요?

위치는 Where ~?로 물어요.

Can you fix my bike?
내 자전거를 고쳐 줄 수 있나요?

DAY 22

A　들려주는 단어의 순서대로 번호를 쓰고, 빈칸에 단어를 쓰세요. ▶ 241031-0122

☐ 　　☐ 　　☐ 　　☐

B　단어와 우리말 뜻을 연결한 후, 빈칸에 단어를 쓰세요. ▶ 241031-0123

1　car　•　　　•　기차

2　train　•　　　•　자동차

3　on foot　•　　　•　걸어서

C　우리말 뜻에 맞는 단어를 찾아 동그라미 하고 빈칸에 쓰세요. ▶ 241031-0124

가로

1　자전거

2　지하철

3　기차

세로

4　~로, ~을 타고

1

2

3

4

c	h	q	b	i	k	e	h
d	j	j	y	p	j	i	q
k	q	k	l	r	z	u	v
s	u	b	w	a	y	z	s
t	a	w	k	u	x	m	g
a	t	r	a	i	n	u	y

D 우리말과 같은 뜻이 되도록 빈칸에 알맞은 철자를 써서 문장을 완성하세요. ▶ 241031-0125

1 이 버스는 부산으로 가. This b⬚⬚⬚ goes to Busan.

2 지하철에 많은 사람들이 있어.

There are many people on the s⬚⬚⬚⬚⬚⬚ .

3 그는 모형 비행기를 만들고 있어.

He is making a model a⬚⬚⬚⬚⬚⬚ .

E 그림을 보고, 빈칸에 알맞은 말을 써서 문장을 완성하세요. ▶ 241031-0126

1

I need a new _____.

나는 새 자전거가 필요해.

2

That _____ is really big.

저 배는 정말 커.

Let's **Learn More** 추가로 알아 두면 좋은 단어를 살펴봐요!

𝓽𝓲𝓬𝓴𝓮𝓽 vs. 𝓹𝓪𝓼𝓼𝓹𝓸𝓻𝓽

이번 방학에 해외여행을 가기로 한 펭수는 집이 공항에서 멀어서, 비행기를 타기 위해 우선 기차를 타고 공항으로 가야 해요. 기차를 탈 때 꼭 필요한 것은 **승차권**, ticket이에요. 그리고 해외에 나갈 때는 본인의 이름, 국적 등의 정보가 담긴 **여권**, passport를 가지고 가야 해요. 다음 빈칸에 알맞은 말을 써 보세요.

• How much is a bus _____? 버스 승차권은 얼마인가요?

• May I see your _____, please? 당신의 여권을 볼 수 있을까요?

Look Around My Town!

나의 마을을 둘러봐!

far
먼

school
학교

park
공원

bookstore
서점

supermarket
슈퍼마켓

bank
은행

bakery
빵집

그림을 보면서 이야기를 읽고, 빈칸에 들어갈 말을 써 보세요.

펭수네 마을 빵집에서 빵을 도둑맞았대요. 펭수 탐정은 가까운 버스 정류장부터 멀리 있는 ❶ _____ 까지 범인을 찾아볼 거예요. 도둑은 빵집에서 빵을 가져간 뒤, 슈퍼마켓에서 참치 캔도 가져갔대요. 그리고 ❷ _____ 에 가서 책을 헤집어 놓았다고 해요. 도둑은 지금 어디에 있을까요?

restaurant
식당

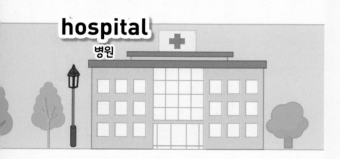
hospital
병원

near
가까운

정답 ❶ 공원 ❷ 서점

단어를 들으며 세 번 따라 말하면서 네모에 체크(✓)하고, 두 번 써 보세요.

- [ ] far
- [ ] near
- [ ] park
- [ ] bank
- [ ] school
- [ ] bakery
- [ ] hospital
- [ ] bookstore
- [ ] restaurant
- [ ] supermarket

Step 3 — Let's Handwrite

영어 단어와 문장을 들으면서 따라 써 보고, 우리말 뜻도 써 보세요.

far
먼

near
가까운

park
공원

bank
은행

school
학교

bakery
빵집

hospital
병원

= book(책) +
store(가게, 상점)

bookstore
서점

restaurant
식당

supermarket
슈퍼마켓

I go to school at 8:30.
나는 8시 30분에 학교에 가.

'~해야 한다'의 의미를 나타낼 때 should를 써요.

You should go to the hospital.
너는 병원에 가야 해.

Will you go to the park with me?
너는 나와 함께 공원에 갈래?

I buy books at the bookstore.
나는 서점에서 책을 산다.

Is there a post office near here?
여기 가까이에 우체국이 있나요?

Step 4 — Let's Practice

A 들려주는 단어의 순서대로 번호를 쓰고, 빈칸에 단어를 쓰세요. ▶ 241031-0127

☐ 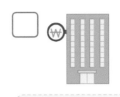 ☐ 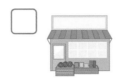 ☐ 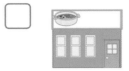 ☐

B 그림과 우리말 뜻에 맞는 단어를 써서 그림 카드를 완성하세요. ▶ 241031-0128

1  서점

2 병원

3  빵집

4 학교

C 나열된 철자의 순서를 바로잡아 장소와 관련된 단어를 완성하세요. ▶ 241031-0129

1 a b k n _____

2 a b e k r y _____

3 a h i l o p s t _____

4 b e k o o o r s t _____

D 그림을 알맞게 표현한 문장에 체크(✔)하세요. ▶ 241031-0130

1

☐ The bathroom is too far.
☐ My house is near.

2

☐ I buy fruit at the supermarket.
☐ I buy books at the bookstore.

DAY 23

E 우리말과 같은 뜻이 되도록 단어 카드를 배열하여 문장을 완성하세요. ▶ 241031-0131

1

| my | town. | There | good | in | restaurants | are |

우리 마을에 좋은 식당들이 있어.

2

| school | Mike. | to | goes | Jenny | with |

Jenny는 Mike와 함께 학교에 가.

Let's **Learn More**   추가로 알아 두면 좋은 단어를 살펴봐요!

across from vs. at the corner

옆의 지도에서 빵집은 어디에 있을까요? 병원 건너편에 위치하고 있네요. **A의 반대편에, 건너편에**라고 말할 때는 across from A라고 하고, **모퉁이에서**라고 할 때는 at the corner라고 말해요. 옆의 지도를 보면서, 다음 빈칸에 알맞은 말을 써 보세요.

• Turn right at the _____ . 모퉁이에서 오른쪽으로 돌아라.

• The bakery is _____ _____ the hospital. 그 빵집은 병원 맞은편에 있어.

DAY 24 I Love Sports

나는 스포츠를 정말 좋아해

Step 1 Let's Look & Think

그림을 보면서 이야기를 읽고, 빈칸에 들어갈 말을 써 보세요.

학교 강당에서 펭수가 친구들과 농구를 해요. 강당 벽에는 스포츠와 관련된 포스터들이 걸려 있어요. 방망이로 공을 치는 ❶ _____, 네트를 사이에 두고 공을 주고받는 테니스, 배드민턴, 배구 포스터가 있고요. 공을 발로 차서 골대에 골을 넣는 ❷ _____ 포스터도 있네요. 여러분은 어떤 운동을 하고 싶나요?

play
(스포츠 경기를) 하다

game
경기, 게임

Basketball Game

Eagles vs Bears
Win / Lose
78 : 72

win
이기다

lose
지다

soccer
축구

badminton
배드민턴

tennis
테니스

volleyball
배구

baseball
야구

basketball
농구

POWER UP!
PENGSOO

단어를 들으며 세 번 따라 말하면서 네모에 체크(√)하고,
두 번 써 보세요.

play

win

lose

game

soccer

tennis

baseball

basketball

badminton

volleyball

영어 단어와 문장을 들으면서 따라 써 보고, 우리말 뜻도 써 보세요.

play
(스포츠 경기를) 하다

win
이기다

Basketball Game
Eagles vs Bears
Win   Lose
78 : 72

lose
지다

game .... = match
경기, 게임

soccer
축구

tennis
테니스

baseball
야구

basketball
농구

badminton
배드민턴

volleyball
배구

I play soccer with friends.

나는 친구들과 축구를 해.

My favorite sport is baseball.

내가 가장 좋아하는 스포츠는 야구야.

We will win the final match.

우리는 결승전에서 이길 거야.

Let's play basketball after school.

방과 후에 농구를 하자.

The game is fun.

그 경기는 재미있어.

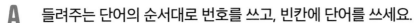

Step 4   Let's Practice

A   들려주는 단어의 순서대로 번호를 쓰고, 빈칸에 단어를 쓰세요.

 ▶ 241031-0132

☐    ☐    ☐    ☐

B   그림에 맞는 단어가 되도록 철자의 순서를 바로잡아 단어를 완성하세요.

▶ 241031-0133

1      o y l b l e l a v l   ➡ _____

2      o s l e   ➡ _____

3   b d m n n t a i o   ➡ _____

C   우리말 뜻에 맞는 단어를 찾아 동그라미 하고 빈칸에 쓰세요.

▶ 241031-0134

a p l a y g a m e r w i n c a

1   경기, 게임   _____

2   이기다   _____

3   (스포츠 경기를) 하다   _____

D 우리말과 같은 뜻이 되도록 빈칸에 알맞은 철자를 써서 문장을 완성하세요. ▶ 241031-0135

1 우리 팀이 그 경기에 이길 거야.　My team will w ⬚⬚⬚ the match.

2 너는 게임에 지지 않을 거야.　You will not l ⬚⬚⬚ the game.

3 나는 축구를 하는 것을 좋아해.　I like playing s ⬚⬚⬚⬚⬚⬚.

E 그림을 보고, 빈칸에 알맞은 말을 써서 문장을 완성하세요. ▶ 241031-0136

1　Let's play _____.
야구를 하자.

2　I take _____ lessons after school.
나는 방과 후에 테니스 수업을 받는다.

Let's Learn More 추가로 알아 두면 좋은 단어를 살펴봐요!

in (good) shape vs. out of shape

친구들과 열심히 농구를 한 펭수는 몸도 건강해졌어요. 모양을 의미하는 단어인 **shape**를 사용해 **모양을 유지하다, 건강을 유지하다**라는 의미는 in (good) shape라고 하고, 반대로 out of shape는 **건강이 안 좋은, 체력이 안 좋은**이라는 의미예요. 다음 빈칸에 알맞은 말을 써 보세요.

• Let's exercise. Then you'll be _____ again.
　운동하자. 그러면 너는 다시 건강해질 거야.

• I am _____ these days. 나는 요즘 건강이 안 좋아.

DAY 25 How's the Weather?

날씨가 어떠니?

Step 1 Let's Look & Think

그림을 보면서 이야기를 읽고, 빈칸에 들어갈 말을 써 보세요.

펭수가 일기예보를 보고 있네요. 주말 날씨가 궁금한가 봐요. 토요일 아침에는 안개가 끼었다가 오후에 폭풍우가 올 예정이에요. 일요일 아침에는 ❶ [   ] 날씨였다가 오후에는 ❷ [   ] 날씨가 된다고 해요. 지금은 밖에 비가 오고 있어요.

weather
날씨

foggy
안개가 낀

stormy
폭풍우가 몰아치는

SAT
Morning   Afternoon

SUN
Morning   Afternoon

windy
바람이 부는

sunny
화창한

MON

TUE

WED

umbrella
우산

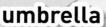

cloudy
흐린

snowy
눈이 오는

outside
밖; 밖에

rainy
비가 오는

단어를 들으며 세 번 따라 말하면서 네모에 체크(✓)하고,
두 번 써 보세요.

☐ weather

☐ rainy

☐ sunny

☐ cloudy

☐ snowy

☐ stormy

☐ windy

☐ foggy

☐ umbrella

☐ outside

영어 단어와 문장을 들으면서 따라 써 보고, 우리말 뜻도 써 보세요.

weather .... *cf.* climate 기후
날씨

rainy 
비가 오는

sunny 
화창한

cloudy 
흐린

snowy 
눈이 오는

stormy 
폭풍우가 몰아치는

windy 
바람이 부는

foggy 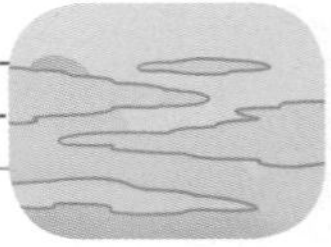
안개가 낀

umbrella 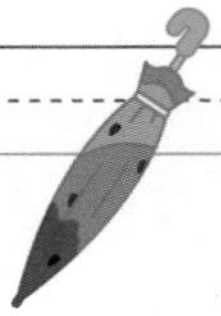
우산

outside
밖; 밖에

It's raining outside.
밖에 비가 오고 있어.

Take your umbrella.
너의 우산을 가져가라.

It's sunny today.
오늘은 화창해.

날씨를 나타낼 때에는 It's[It is] ~로 써요.

DAY 25

How's the weather?
날씨가 어떠니?

It's cloudy and windy.
흐리고 바람이 불어.

Step 4 · Let's Practice

A 들려주는 단어의 순서대로 번호를 쓰고, 빈칸에 단어를 쓰세요.

▶ 241031-0137

1

2

3

4

B 단어 퀴즈를 채점하고, 틀린 단어를 바르게 고쳐 쓰세요.

▶ 241031-0138

단어 퀴즈		바르게 고치기
1 화창한	suny	
2 날씨	wether	
3 밖; 밖에	outside	
4 눈이 오는	snowy	

C 우리말 뜻에 맞는 단어를 찾아 동그라미 하고 빈칸에 쓰세요.

▶ 241031-0139

가로

1 폭풍우가 몰아치는
2 안개가 낀

세로

3 바람이 부는
4 흐린

1

2

3

4

f	z	v	p	y	k	g	m	c
s	t	o	r	m	y	n	k	l
m	r	w	h	s	p	b	z	o
t	x	i	x	y	i	a	x	u
d	v	n	g	n	w	m	e	d
g	h	d	d	f	o	g	g	y
b	o	y	x	b	i	w	j	p

D 우리말과 같은 뜻이 되도록 빈칸에 알맞은 단어를 쓰세요.　241031-0140

1 It's nice and _____ today.　오늘 날씨가 좋고 화창해.

2 I hear footsteps _____.　나는 밖에서 발걸음 소리가 들려.

3 I love _____ days.　나는 눈 내리는 날들을 아주 좋아해.

4 The red _____ is mine.　그 빨간 우산은 나의 것이야.

5 The _____ season starts today.　오늘 장마가 시작됩니다.

E 우리말과 같은 뜻이 되도록 단어 카드를 배열하여 문장을 완성하세요.　241031-0141

1 | like | warm | I | weather.

_____
나는 따뜻한 날씨를 좋아해.

2 | I | use | umbrella? | Can | your

_____
내가 너의 우산을 사용할 수 있을까?

DAY 25

Let's Learn More　추가로 알아 두면 좋은 단어를 살펴봐요!

raincoat vs. swimsuit

펭수가 비옷을 입고 있네요. **비옷**은 rain(비)과 coat(옷, 코트)를 합쳐 **raincoat**, 수영할 때 입는 **수영복**은 swim(수영)과 suit(옷)를 합쳐 만든 **swimsuit**랍니다. 다음 빈칸에 알맞은 말을 써 보세요.

• This _____ is too big for me. 이 비옷은 나에게 너무 커.

• You must change into your _____. 너는 수영복으로 갈아입어야 해.

A 영어 단어에는 우리말 뜻을, 우리말 뜻에는 영어 단어를 쓰세요. ▶ 241031-0142

1	wash	_____	11	서점
2	outside	_____	12	우산
3	make	_____	13	지하철
4	fix	_____	14	학교
5	lose	_____	15	테니스
6	hang	_____	16	축구
7	far	_____	17	비행기
8	volleyball	_____	18	기차
9	close	_____	19	바람이 부는
10	near	_____	20	농구

B 우리말과 같은 뜻이 되도록 알맞은 단어에 체크(✔)하세요. ▶ 241031-0143

1 내가 그 쓰레기를 내다 버릴게. I'll ☐ take out ☐ look at the trash.

2 창문들을 닦을 수 있니? Can you ☐ hang ☐ clean the windows?

3 나의 아빠는 검은색 자동차를 가지고 있어. My dad has a black ☐ bike ☐ car .

4 우리는 걸어서 서점에 갈 수 있어.
We can get to the bookstore ☐ by car ☐ on foot .

5 우리 마을에 유명한 빵집이 있어.
There is a famous ☐ bakery ☐ supermarket in my town.

166

C 우리말과 같은 뜻이 되도록 빈칸에 알맞은 단어를 보기에서 골라 쓰세요.   ▶ 241031-0144

보기
win
far
open
ride
restaurant

1 The park is _____ from here.
그 공원은 여기서 멀어.

2 I will _____ a horse in Jeju.
나는 제주도에서 말을 탈 거야.

3 I know a good Italian _____.
나는 좋은 이탈리아 식당 한 군데를 알아.

4 Can you _____ the door for me?
너는 나를 위해 문을 열어 줄 수 있니?

5 The Korean soccer team will _____ the World Cup.
한국 축구팀이 월드컵에서 우승할 거야.

D 그림을 보고, 빈칸에 알맞은 단어를 쓰세요.   ▶ 241031-0145

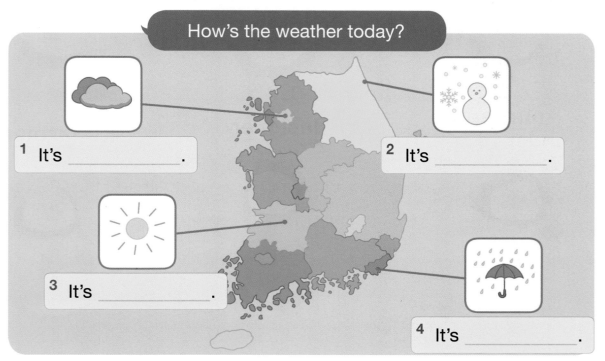

How's the weather today?

1 It's _____.

2 It's _____.

3 It's _____.

4 It's _____.

What's Your Dream?

네 꿈은 무엇이니?

Step 1 Let's Look & Think

그림을 보면서 이야기를 읽고, 빈칸에 들어갈 말을 써 보세요.

하고 싶은 게 많아 장래 꿈도 많은 펭수! 소방관복을 입은 모습을 보니 소방관이 되고 싶은 마음이 있나 봐요. 그런데 또 실험을 하고 있는 펭수를 보니 ❶ [　　　　　　] 가 되고 싶은 것 같기도 해요. 붓을 들고 그림을 그리고 있는 펭수는 어떤가요? ❷ [　　　　　　] 가 된 펭수를 언젠가 만날 수도 있지 않을까요?

firefighter
소방관

police officer
경찰관

doctor
의사

nurse
간호사

designer
디자이너

farmer
농부

scientist
과학자

cook
요리사

singer
가수

painter
화가

정답 ❶ 과학자 ❷ 화가

단어를 들으며 세 번 따라 말하면서 네모에 체크(✔)하고,
두 번 써 보세요.

☐ cook

☐ nurse

☐ doctor

☐ singer

☐ farmer

☐ scientist

☐ painter

☐ designer

☐ firefighter

☐ police officer

영어 단어와 문장을 들으면서 따라 써 보고, 우리말 뜻도 써 보세요.

> cooker는 '밥솥, 오븐이 딸린 요리용 가스레인지'를 의미해요.

cook
요리사

nurse
간호사

doctor
의사

singer
가수

farmer
농부

scientist
과학자

painter
화가

designer
디자이너

firefighter
소방관

police officer
경찰관

My mom is a designer.

나의 엄마는 디자이너야.

He is a great cook.

그는 훌륭한 요리사야.

My father is a police officer.

나의 아버지는 경찰관이야.

DAY 26

Who is your favorite singer?

네가 가장 좋아하는 가수는 누구니?

You should see a doctor.

너는 의사의 진찰을 받아야 해.

A 들려주는 단어의 순서대로 번호를 쓰고, 빈칸에 단어를 쓰세요. ▶ 241031-0146

☐

☐

☐

☐

B 그림과 단어에 맞는 우리말 뜻을 연결하세요. ▶ 241031-0147

1 cook • • 요리사

2 scientist • • 가수

3 singer • • 과학자

C 우리말 뜻에 맞게 퍼즐의 빈칸에 알맞은 단어를 쓰세요. ▶ 241031-0148

가로
1 농부
3 과학자

세로
2 화가
4 디자이너

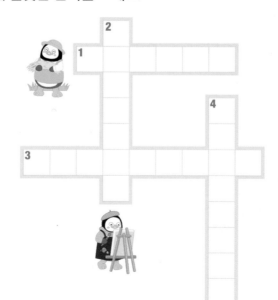

D 우리말과 같은 뜻이 되도록 빈칸에 알맞은 단어를 쓰세요.　241031-0149

1 My mom is a _____.　나의 엄마는 간호사야.

2 The _____ _____ is asking her name.

경찰관이 그녀의 이름을 묻고 있어.

3 I know a lot of songs by the _____.

나는 그 가수의 노래를 많이 알아.

E 우리말과 같은 뜻이 되도록 단어 카드를 배열하여 문장을 완성하세요.　241031-0150

1 doctor. | is | a | great | He

_____

그는 훌륭한 의사야.

2 from | save | Firefighters | people | fires.

_____

소방관들은 사람들을 화재에서 구해 줘.

tourist vs. violinist

전 세계의 관광객들이 모여드는 이탈리아의 트레비 분수 앞에는 그림을 그려 주는 화가도 있고 악기 연주자들도 있어서 볼거리가 많다고 해요. 영어 단어에 -ist를 붙이면 ~하는 사람이라는 뜻이 되는데요, **관광**이라는 단어 tour에 -ist를 붙여서 tourist(관광을 하는 사람)가 되고요. **바이올린**이라는 단어 violin에 -ist를 붙여서 violinist(바이올린 연주자)가 된답니다. 다음 빈칸에 알맞은 말을 써 보세요.

• Where is the _____ office? 관광객 안내소가 어디에 있나요?

• The _____ is wearing a hat. 그 바이올린 연주자는 모자를 쓰고 있어.

DAY 26

What's Your Dream?　**173**

I Am Smart

나는 똑똑해

kind
친절한

shy
수줍어하는

honest
정직한

careful
주의 깊은, 조심하는

creative
창의적인

smart
똑똑한

noisy
시끄러운

funny
웃기는

그림을 보면서 이야기를 읽고, 빈칸에 들어갈 말을 써 보세요.

교실로 들어오는 친구를 위해 문을 열어 주는
①　　　　　　　 펭수! 펭수는 유명한 화가 피카소의 그림을 알아볼 정도로 똑똑해요. 그리고 자신이 실수로 바닥에 물을 쏟았다고 솔직하게 말하는 ②　　　　　　　 친구이기도 해요. 가끔 게으름을 피울 때도 있지만, 좋아하는 미술 시간에는 정각에 도착해요!

lazy
게으른

9:00
Art Class

on time
정각에, 제시간에

정답 ① 친절한 ② 정직한

단어를 들으며 세 번 따라 말하면서 네모에 체크(✔)하고, 두 번 써 보세요.

☐ shy

☐ kind

☐ lazy

☐ smart

☐ noisy

☐ careful

☐ funny

☐ honest

☐ creative

☐ on time

영어 단어와 문장을 들으면서 따라 써 보고, 우리말 뜻도 써 보세요.

shy
수줍어하는

kind
친절한

lazy   ↔ diligent
게으른

smart
똑똑한

noisy   ↔ quiet
시끄러운

careful
주의 깊은, 조심하는

funny
웃기는

honest
정직한

creative
창의적인

on time
정각에, 제시간에

The boy is so kind.

그 소년은 매우 친절해.

Be careful.

조심해.

My little sister is honest.

내 여동생은 정직해.

I like your creative ideas.

나는 너의 창의적인 생각이 좋아.

Can I get there on time?

내가 거기에 제시간에 도착할 수 있을까?

A 들려주는 단어의 순서대로 번호를 쓰고, 빈칸에 단어를 쓰세요.

▶ 241031-0151

B 단어와 우리말 뜻을 연결한 후, 빈칸에 단어를 쓰세요.

▶ 241031-0152

1 smart •   • 친절한 —————————

2 kind •   • 똑똑한 —————————

3 funny •   • 웃기는 —————————

C 우리말 뜻에 맞는 단어를 찾아 동그라미 하고 빈칸에 쓰세요.

▶ 241031-0153

가로	세로
1 창의적인	3 주의 깊은, 조심하는
2 수줍어하는	4 게으른

1

2

3

4

```
m c r e a t i v e
r a e x y b p i m
w r s n w w h l d
f e d t o t u a g
k f e y r w z z b
n u q g p s h y h
v l t e o v i w k
```

D 우리말과 같은 뜻이 되도록 빈칸에 알맞은 철자를 써서 문장을 완성하세요. ▶ 241031-0154

1 그 책은 웃기고 슬퍼.   The book is f ⬚⬚⬚ and sad.

2 그 버스는 제시간에 와.   The bus comes ⬚⬚ t ⬚⬚.

3 이웃들이 시끄러워. 나는 잠을 잘 수 없어.

The neighbors are n ⬚⬚⬚⬚. I can't sleep.

E 그림을 보고, 빈칸에 알맞은 말을 써서 문장을 완성하세요. ▶ 241031-0155

1

You are so _____.
너는 매우 친절하구나.

2

My brother is very _____.
내 남동생은 정말 똑똑해.

DAY 27

Let's Learn More   추가로 알아 두면 좋은 단어를 살펴봐요!

calm down vs. take it easy

아끼는 참치 캔이 없어져서 화가 난 펭수! 동생이 다가오더니 짠! 하고 숨겨 놓은 참치 캔을 주네요. 화가 난 펭수에게 **진정해!**라고 할 때는 **Calm down!**이라고 말하고, **살살해! 마음 편히 해!**라고 할 때는 **Take it easy!**라고 말해요.

• I can't calm _____ right now. 나는 지금 진정할 수가 없어.

• It's okay. _____ it easy. 괜찮아. 마음 편히 해.

I Love Green Trees

나는 초록색 나무가 좋아

Step 1 Let's Look & Think

그림을 보면서 이야기를 읽고, 빈칸에 들어갈 말을 써 보세요.

화창한 날, 펭수가 화분에 식물을 심고 있어요. 돌과 흙을 넣어 식물을 심은 후 물을 주고 있네요. 식물이 잘 자라기 위해서는 따뜻한 ❶ _____ 이 필요해요. 식물은 자라서 나무가 되고, 나무는 ❷ _____ 을 피우겠죠? 오늘 펭수가 심은 식물은 무슨 색깔의 꽃을 피우게 될까요?

flower
꽃

leaf
잎

stone
돌

plant
식물; (식물을) 심다

pot
화분

vase
꽃병

sunlight
햇빛

tree
나무

air
공기

I need air, sunlight, and water.

need
필요하다, 필요로 하다

단어를 들으며 세 번 따라 말하면서 네모에 체크(✓)하고, 두 번 써 보세요.

☐ air

☐ tree

☐ need

☐ plant

☐ pot

☐ leaf

☐ vase

☐ stone

☐ flower

☐ sunlight

영어 단어와 문장을 들으면서 따라 써 보고, 우리말 뜻도 써 보세요.

air
공기

tree
나무

need
필요하다, 필요로 하다

cf. water
물: 물을 주다

plant
식물; (식물을) 심다

pot
화분

leaf
잎

vase
꽃병

stone
돌

flower
꽃

sun(해) + light(빛)이
합쳐져서 만들어진 단어예요.

sunlight
햇빛

We need friends.

우리는 친구들이 필요해.

The flowers are pretty.

그 꽃들은 예뻐.

Water the plants.

그 식물들에게 물을 줘라.

There is a flower in the vase.

그 꽃병 안에는 꽃이 한 송이 있어.

Dogs rest under the tree.

개들이 그 나무 아래에서 쉬어.

A 들려주는 단어의 순서대로 번호를 쓰고, 빈칸에 단어를 쓰세요.

  241031-0156

B 그림과 우리말 뜻에 맞는 단어를 써서 그림 카드를 완성하세요.

241031-0157

1 잎

2 화분

3 돌

4 식물

C 나열된 철자의 순서를 바로잡아 식물과 관련된 단어를 완성하세요.

241031-0158

1 f l a e _____

2 s v a e _____

3 f l r e o w _____

4 g h l n s t i u _____

D 그림을 알맞게 표현한 문장에 체크(✔)하세요.　　241031-0159

1

☐ The water is hot.
☐ I need water.

2

☐ I can't move the pot.
☐ I can't move the stone.

E 우리말과 같은 뜻이 되도록 단어 카드를 배열하여 문장을 완성하세요.　　241031-0160

1 　　air.　　get　　Let's　　fresh

_____

- 신선한 공기를 마시자.

2 　the　　tree.　　is　　A　　monkey　　climbing

_____

- 원숭이가 나무에 올라가고 있어.

Let's **Learn More**　　추가로 알아 두면 좋은 단어를 살펴봐요!

flour vs. flower　　role vs. roll

엄마가 펭수에게 꽃을 건네달라고 하셔서 펭수가 드렸더니 엄마는 밀가루를 가리키고 있네요. 밀가루와 꽃은 발음은 같지만 다른 단어예요. **밀가루**는 flour이고, **꽃**은 flower예요. 또한 **역할**을 뜻하는 role과 **구르다**를 의미하는 roll도 발음은 같지만 다른 단어랍니다.

- Mix the _____ with the milk. 밀가루를 우유와 섞어라.

- The actress is my _____ model. 그 여배우는 나의 역할 모델이야.

DAY 28

How Do You Feel Today?

오늘 기분이 어떠니?

sad
슬픈

happy
행복한

hungry
배고픈

full
배부른

sick
아픈

tired
피곤한

proud
자랑스러운

excited
신이 난

worried
걱정하는

surprised
놀란

Step 1 Let's Look & Think

그림을 보면서 이야기를 읽고, 빈칸에 들어
갈 말을 써 보세요.

감정 스티커를 보며 오늘 하루 기분을 생각
해 보는 펭수! 배가 고팠는데 좋아하는 참치
캔을 먹고 배부르기도 했고. 선물을 받아서
❶ [   ] 기분도 들었고, 수영 대회에
서 상을 받아 ❷ [   ] 기분이 들기도
했어요. 여러분의 오늘 기분은 어땠나요?

정답 ❶ 행복한 ❷ 자랑스러운

Step 2 Let's Listen & Speak

단어를 들으며 세 번 따라 말하면서 네모에 체크(✔)하고,
두 번 써 보세요.

☐ sad

☐ happy

☐ hungry

☐ full

☐ sick

☐ tired

☐ proud

☐ excited

☐ worried

☐ surprised

영어 단어와 문장을 들으면서 따라 써 보고, 우리말 뜻도 써 보세요.

sad
슬픈

happy
행복한

hungry
배고픈

↔ full

full
배부른

sick
아픈

= ill

tired
피곤한

proud
자랑스러운

excited
신이 난

worried
걱정하는

surprised
놀란

I am not sad.
나는 슬프지 않아.

Are you hungry?
너는 배가 고프니?

I am worried about my dog.
나는 내 개가 걱정돼.

I'm happy for you.
네가 잘되어서 기뻐.

= Glad to hear that.
잘됐네.

You look tired.
너는 피곤해 보여.

A 들려주는 단어의 순서대로 번호를 쓰고, 빈칸에 단어를 쓰세요. ▶ 241031-0161

☐

☐

☐

☐

B 그림에 맞는 단어가 되도록 철자의 순서를 바로잡아 단어를 완성하세요. ▶ 241031-0162

1  x c t d e i e ➡ _____

2   g u n y r h ➡ _____

3 e i d r t ➡ _____

4 d r r w e i o ➡ _____

C 우리말 뜻에 맞는 단어를 찾아 동그라미 하고 빈칸에 쓰세요. ▶ 241031-0163

n s a d b s i c k r f u l l x p r o u d i

1 배부른 _____

2 슬픈 _____

3 아픈 _____

4 자랑스러운 _____

D 우리말과 같은 뜻이 되도록 빈칸에 알맞은 철자를 써서 문장을 완성하세요. ▶ 241031-0164

1 나는 그 시험이 걱정돼. I am w ☐☐☐☐☐☐ about the test.

2 그녀는 더 이상 배가 고프지 않아. She isn't h ☐☐☐☐☐ anymore.

3 너는 오늘 신나 보여. You look e ☐☐☐☐☐ today.

E 그림을 보고, 빈칸에 알맞은 말을 써서 문장을 완성하세요. ▶ 241031-0165

1

I am _____ .
나는 지쳤어.

2

I feel _____ of myself.
나는 내 자신이 자랑스러워.

Let's **Learn More** 추가로 알아 두면 좋은 단어를 살펴봐요!

make a face vs. have a long face

펭수는 친구들과 친하게 지내다가도 가끔 서로 속상한 일이 생기기도 해요. 속상한 마음은 얼굴에 드러나기 마련이죠. 이렇게 무언가 마음에 들지 않아서 **얼굴을 찌푸리다**라고 할 때는 **make a face**라고 하고, 속상한 일로 **우울한 얼굴을 하다**라고 할 때는 **have a long face**라고 한답니다. 다음 빈칸에 알맞은 말을 써 보세요.

• He shakes his head and makes a _____ at me.
그는 고개를 가로젓고 나에게 얼굴을 찌푸려.

• Why do you have a _____ face? 너는 왜 우울한 얼굴을 하고 있니?

DAY 29

DAY 30 Look at the Long Lines!

긴 줄을 봐!

붕어빵

know
알다

adult
어른

Hi!

woman
여자

man
남자

people
사람들

girl
소녀

그림을 보면서 이야기를 읽고, 빈칸에 들어갈 말을 써 보세요.

맛있는 냄새가 나서 돌아보니 사람들이 길게 줄을 서 있어요. 앗, 펭수가 붕어빵을 팔고 있네요. 안경 쓴 소년이랑 머리가 긴 ❶ _____ 는 이미 붕어빵을 맛있게 먹고 있어요. 통화를 하고 있는 ❷ _____ 와 모자를 쓴 여자도 있네요. 선생님도 학생들과 함께 붕어빵을 사러 가고 있는 것 같아요. 펭수가 만든 붕어빵이 정말 맛있나 봐요!

boy
소년

teacher
선생님

student
학생

teen
10대, 십 대

정답 ❶ 소녀 ❷ 남자

단어를 들으며 세 번 따라 말하면서 네모에 체크(✓)하고, 두 번 써 보세요.

- ☐ people _____
- ☐ know _____
- ☐ boy _____
- ☐ girl _____
- ☐ man _____
- ☐ woman _____
- ☐ student _____
- ☐ teacher _____
- ☐ teen _____
- ☐ adult _____

영어 단어와 문장을 들으면서 따라 써 보고, 우리말 뜻도 써 보세요.

people .... person 사람

사람들

know

알다

boy

소년

girl

소녀

man

남자

woman

여자

student

학생

teacher

선생님

teen .... = teenager

10대, 십 대

adult

어른

I don't know the answer.
나는 그 답을 몰라.

She is a kind girl.
그녀는 친절한 소녀야.

He is a smart student.
그는 똑똑한 학생이야.

This is my teacher.
이분은 나의 선생님이야.

다른 사람에게 자신이 아는 사람을 소개할 때는 This is ~로 나타내요.

Who is that man?
저 남자는 누구니?

A 들려주는 단어의 순서대로 번호를 쓰고, 빈칸에 단어를 쓰세요. ▶ 241031-0166

☐   ☐   ☐   ☐

B 단어 퀴즈를 채점하고, <u>틀린</u> 단어를 바르게 고쳐 쓰세요. ▶ 241031-0167

단어 퀴즈		바르게 고치기
1 학생	stewdent	
2 사람들	people	
3 10대, 십 대	teen	
4 알다	now	
5 어른	adurt	

C 우리말 뜻에 맞는 단어를 찾아 동그라미 하고 빈칸에 쓰세요. ▶ 241031-0168

가로
1 선생님
2 알다

세로
3 10대, 십 대
4 사람들

1 ___
2 ___
3 ___
4 ___

u	s	t	w	l	p	m
h	t	e	y	a	e	a
c	x	e	x	e	o	g
v	k	n	o	w	p	z
t	v	e	g	f	l	q
t	e	a	c	h	e	r

D 우리말과 같은 뜻이 되도록 빈칸에 알맞은 단어를 쓰세요. ▶ 241031-0169

1 The _____ writes answers on the board.

그 선생님은 칠판에 답들을 쓴다.

2 Children should take the ride with _____s.

어린이들은 어른들과 함께 그 놀이기구를 타야 한다.

3 _____ use the Internet every day.　사람들은 매일 인터넷을 사용한다.

4 She knows every _____ in school.　그녀는 학교 안의 모든 학생을 안다.

E 우리말과 같은 뜻이 되도록 단어 카드를 배열하여 문장을 완성하세요. ▶ 241031-0170

1　| in | | is | | My brother | | the red shirt. | | the boy |

_____

나의 남동생은 빨간 셔츠를 입은 소년이야.

2　| music club. | | join | | our | | will | | A new student |

_____

새로운 학생이 우리 음악 클럽에 가입할 거야.

Let's Learn More　추가로 알아 두면 좋은 단어를 살펴봐요!

lady vs. gentleman

"신사 숙녀 여러분, 제 말 좀 들어 보세요! 저는 오늘 ...." 펭수는 지금 여러 사람 앞에서 마이크를 잡고 연설을 하고 있어요. 여자와 남자를 정중하게 부를 때 각각 lady(숙녀), gentleman(신사)이라고 해요. 다음 빈칸에 알맞은 말을 써 보세요. 복수형은 각각 ladies, gentlemen이에요.

• A _____ is looking for you. 한 신사가 당신을 찾고 있어요.

• _____ and gentlemen! Can I have your attention, please?

신사 숙녀 여러분! 잠시 주목해 주시겠습니까?

A 영어 단어에는 우리말 뜻을, 우리말 뜻에는 영어 단어를 쓰세요. ▶ 241031-0171

1 kind _____

2 man _____

3 proud _____

4 fix _____

5 lose _____

6 excited _____

7 shy _____

8 stone _____

9 teen _____

10 girl _____

11 요리사 _____

12 나무 _____

13 과학자 _____

14 정직한 _____

15 가수 _____

16 필요하다 _____

17 소방관 _____

18 잎 _____

19 농부 _____

20 공기 _____

B 우리말과 같은 뜻이 되도록 알맞은 단어에 체크(✓)하세요. ▶ 241031-0172

1 꽃을 좀 사자. Let's buy some ☐ leaves ☐ flowers .

2 그 기차는 제시간에 도착한다. The train arrives ☐ on time ☐ out of time .

3 이 비행기에 의사가 계십니까? Is there a ☐ doctor ☐ singer on this plane?

4 그 거리는 시끄럽고 아이들로 가득하다.

The street is ☐ noisy ☐ honest and full of children.

5 많은 사람들이 전쟁에서 집을 잃을 것이다.

Many ☐ people ☐ women will lose their homes in the war.

C   우리말과 같은 뜻이 되도록 빈칸에 알맞은 단어를 보기에서 골라 쓰세요.   ▶ 241031-0173

1 My grandmother tells us _____ stories.

나의 할머니는 우리에게 재미있는 이야기들을 해 주셔.

2 Who is your favorite _____?

네가 가장 좋아하는 화가는 누구니?

3 A famous _____ comes to the show.

유명한 디자이너가 그 쇼에 와.

4 There are 20 _____s in the classroom.

그 교실에는 20명의 학생들이 있어.

5 Can I have more pizza? I'm not _____ yet.

제가 피자를 더 먹어도 될까요? 저는 아직 배가 부르지 않아요.

> 보기
> full
> funny
> student
> painter
> designer

D   그림을 보고, 빈칸에 알맞은 단어를 보기에서 골라 쓰세요.   ▶ 241031-0174

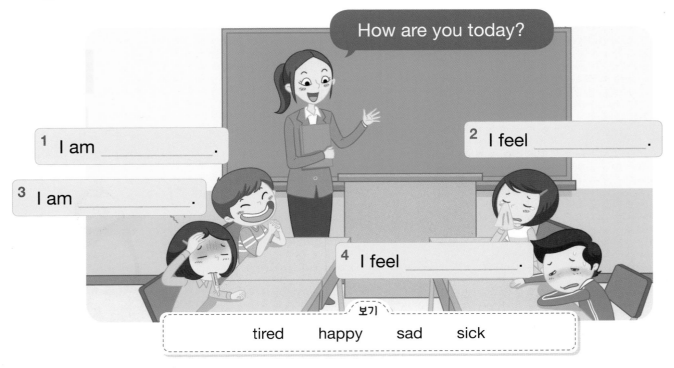

How are you today?

1 I am _____.

2 I feel _____.

3 I am _____.

4 I feel _____.

> 보기
> tired   happy   sad   sick

MEMO

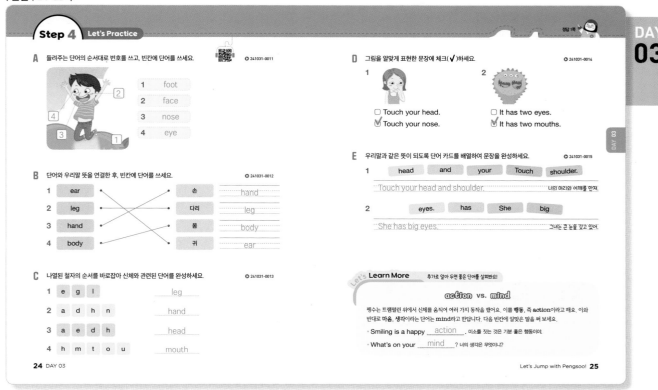

Step 4 Let's Practice

A 들려주는 단어의 순서대로 번호를 쓰고, 빈칸에 단어를 쓰세요. ⊙ 241031-0011

2 | 1 foot
4 | 2 face
3 | 3 nose
| 4 eye

B 단어와 우리말 뜻을 연결한 후, 빈칸에 단어를 쓰세요. ⊙ 241031-0012

1 ear — 손 hand
2 leg — 다리 leg
3 hand — 몸 body
4 body — 귀 ear

C 나열된 철자의 순서를 바로잡아 신체와 관련된 단어를 완성하세요. ⊙ 241031-0013

1 e g l → leg
2 a d h n → hand
3 a e d h → head
4 h m t o u → mouth

24 DAY 03

D 그림을 알맞게 표현한 문장에 체크(✓)하세요. ⊙ 241031-0014

1
☐ Touch your head.
☑ Touch your nose.

2
☐ It has two eyes.
☑ It has two mouths.

E 우리말과 같은 뜻이 되도록 단어 카드를 배열하여 문장을 완성하세요. ⊙ 241031-0015

1 | head | and | your | Touch | shoulder.
Touch your head and shoulder. 너의 머리와 어깨를 만져.

2 | eyes. | has | She | big
She has big eyes. 그녀는 큰 눈을 갖고 있어.

Let's Learn More 추가로 알아 두면 좋은 단어를 살펴봐요!

action vs. mind

펭수는 트램펄린 위에서 신체를 움직여 여러 가지 동작을 했어요. 이를 행동, 즉 action이라고 해요. 이와 반대로 마음, 생각이라는 단어는 mind라고 한답니다. 다음 빈칸에 알맞은 말을 써 보세요.

· Smiling is a happy _action_ . 미소를 짓는 것은 기분 좋은 행동이야.
· What's on your _mind_ ? 너의 생각은 무엇이니?

Let's Jump with Pengsoo! 25

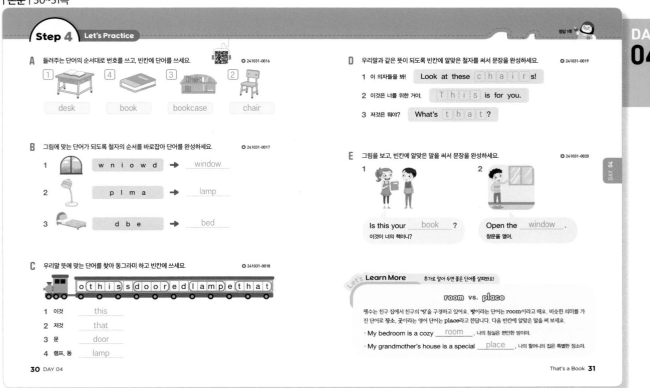

Step 4 Let's Practice

A 들려주는 단어의 순서대로 번호를 쓰고, 빈칸에 단어를 쓰세요. ⊙ 241031-0016

1 desk | 4 book | 3 bookcase | 2 chair

B 그림에 맞는 단어가 되도록 철자의 순서를 바로잡아 단어를 완성하세요. ⊙ 241031-0017

1 w n i o w d → window
2 p l m a → lamp
3 d b e → bed

C 우리말 뜻에 맞는 단어를 찾아 동그라미 하고 빈칸에 쓰세요. ⊙ 241031-0018

o t h i s s d o o r e d l a m p e t h a t

1 이것 this
2 저것 that
3 문 door
4 램프, 등 lamp

30 DAY 04

D 우리말과 같은 뜻이 되도록 빈칸에 알맞은 철자를 써서 문장을 완성하세요. ⊙ 241031-0019

1 이 의자들을 봐! Look at these c h a i r s!
2 이것은 너를 위한 거야. T h i s is for you.
3 저것은 뭐야? What's t h a t ?

E 그림을 보고, 빈칸에 알맞은 말을 써서 문장을 완성하세요. ⊙ 241031-0020

1
Is this your book ?
이것이 너의 책이니?

2
Open the window .
창문을 열어.

Let's Learn More 추가로 알아 두면 좋은 단어를 살펴봐요!

room vs. place

펭수는 친구 집에서 친구의 '방'을 구경하고 있어요. 방이라는 단어는 room이라고 해요. 비슷한 의미를 가진 단어로 장소, 곳이라는 영어 단어는 place라고 한답니다. 다음 빈칸에 알맞은 말을 써 보세요.

· My bedroom is a cozy _room_ . 나의 침실은 편한 방이야.
· My grandmother's house is a special _place_ . 나의 할머니의 집은 특별한 장소야.

That's a Book 31

정답 **1**

DAY 05

Step 4 Let's Practice

A 들려주는 단어의 순서대로 번호를 쓰고, 빈칸에 단어를 쓰세요. ⊙ 241031-0021

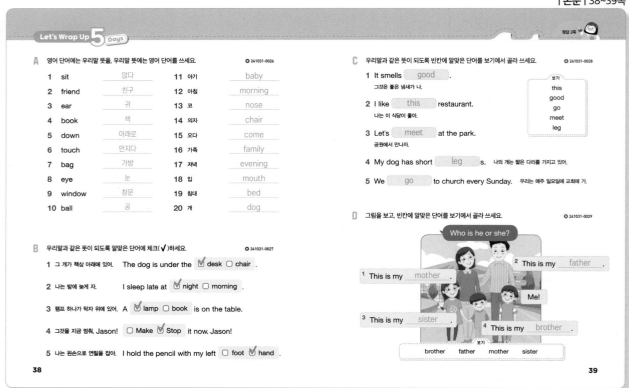

1 come
2 ball
3 go
4 dog

B 단어 퀴즈를 채점하고, 틀린 단어를 바르게 고쳐 쓰세요. ⊙ 241031-0022

단어 퀴즈		바르게 고치기
1 앉다	sit ✓	
2 멈추다	stob	stop
3 만지다	toch	touch
4 위로	up ✓	

C 우리말 뜻에 맞게 퍼즐의 빈칸에 알맞은 단어를 쓰세요. ⊙ 241031-0023

가로
1 아래로
3 앉다

세로
2 만지다
3 서다

³s i t
²s t a n d
¹d o w n
t o u c h

D 우리말과 같은 뜻이 되도록 알맞은 단어를 쓰세요. ⊙ 241031-0024

1 The balloons are flying   up   . 그 풍선들이 위로 날아오르고 있네.

2 Where is my   dog   ? 내 개가 어디에 있지?

3   Come   here, please! 이리로 오세요!

E 우리말과 같은 뜻이 되도록 단어 카드를 배열하여 문장을 완성하세요. ⊙ 241031-0025

1   up,   Stand   please.

Stand up, please. 일어서세요.

2   the   ball!   Touch   green

Touch the green ball! 그 초록색 공을 만져!

Let's Learn More 추가로 알아 두면 좋은 단어를 살펴봐요!

hill vs. heel

펭수의 강아지 Max는 언덕 오르기를 무척 좋아해요. 언덕이라는 뜻의 영어 단어는 hill이에요. 이와 발음은 비슷하지만 다른 철자와 뜻을 가진 단어로 발뒤꿈치를 나타내는 heel이 있어요. 다음 빈칸에 알맞은 말을 써 보세요.

· Max likes to climb the   hill   . Max는 언덕 오르기를 좋아해.

· I can kick the ball with my   heel   . 나는 발뒤꿈치로 공을 찰 수 있어.

Let's Wrap Up 5 Days

A 영어 단어에는 우리말 뜻을, 우리말 뜻에는 영어 단어를 쓰세요. ⊙ 241031-0026

1	sit	앉다	11	아기	baby
2	friend	친구	12	아침	morning
3	ear	귀	13	코	nose
4	book	책	14	의자	chair
5	down	아래로	15	오다	come
6	touch	만지다	16	가족	family
7	bag	가방	17	저녁	evening
8	eye	눈	18	입	mouth
9	window	창문	19	침대	bed
10	ball	공	20	개	dog

B 우리말과 같은 뜻이 되도록 알맞은 단어에 체크(✓)하세요. ⊙ 241031-0027

1 그 개가 책상 아래에 있어. The dog is under the ☑ desk ☐ chair .

2 나는 밤에 늦게 자. I sleep late at ☑ night ☐ morning .

3 램프 하나가 탁자 위에 있어. A ☑ lamp ☐ book is on the table.

4 그것을 지금 멈춰, Jason! ☐ Make ☑ Stop it now. Jason!

5 나는 왼손으로 연필을 잡아. I hold the pencil with my left ☐ foot ☑ hand .

C 우리말과 같은 뜻이 되도록 빈칸에 알맞은 단어를 보기에서 골라 쓰세요. ⊙ 241031-0028

1 It smells   good   .
그것은 좋은 냄새가 나.

2 I like   this   restaurant.
나는 이 식당이 좋아.

3 Let's   meet   at the park.
공원에서 만나자.

4 My dog has short   leg   s. 나의 개는 짧은 다리를 가지고 있어.

5 We   go   to church every Sunday. 우리는 매주 일요일에 교회에 가.

보기
this
good
go
meet
leg

D 그림을 보고, 빈칸에 알맞은 단어를 보기에서 골라 쓰세요. ⊙ 241031-0029

Who is he or she?

¹ This is my   mother   .

² This is my   father   .

Me!

³ This is my   sister   .

⁴ This is my   brother   .

보기
brother   father   mother   sister

2 정답

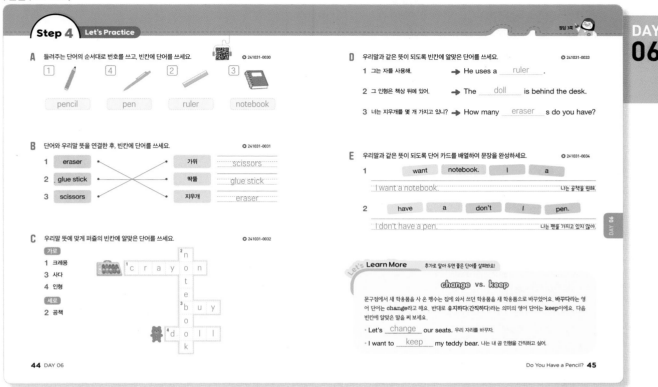

Step 4 Let's Practice

A 들려주는 단어의 순서대로 번호를 쓰고, 빈칸에 단어를 쓰세요. 241031-0030

1 pencil   4 pen   2 ruler   3 notebook

B 단어와 우리 뜻을 연결한 후, 빈칸에 단어를 쓰세요. 241031-0031

1 eraser — 가위 — scissors
2 glue stick — 딱풀 — glue stick
3 scissors — 지우개 — eraser

C 우리말 뜻에 맞게 퍼즐의 빈칸에 알맞은 단어를 쓰세요. 241031-0032

가로
1 크레용
3 사다
4 인형

세로
2 공책

¹crayon
²n
notebook
³buy
⁴doll

D 우리말과 같은 뜻이 되도록 빈칸에 알맞은 단어를 쓰세요. 241031-0033

1 그는 자를 사용해. → He uses a ruler.
2 그 인형은 책상 뒤에 있어. → The doll is behind the desk.
3 너는 지우개를 몇 개 가지고 있니? → How many erasers do you have?

E 우리말과 같은 뜻이 되도록 단어 카드를 배열하여 문장을 완성하세요. 241031-0034

1 want notebook. I a
I want a notebook. 나는 공책을 원해.

2 have a don't I pen.
I don't have a pen. 나는 펜을 가지고 있지 않아.

Let's Learn More 추가로 알아 두면 좋은 단어를 살펴봐요!

change vs. keep

문구점에서 새 학용품을 사 온 팽수는 집에 와서 쓰던 학용품을 새 학용품으로 바꾸었어요. **바꾸다**라는 영어 단어는 change라고 해요. 반대로 유지하다(간직하다)라는 의미의 영어 단어는 keep이에요. 다음 빈칸에 알맞은 말을 써 보세요.

- Let's change our seats. 우리 자리를 바꾸자.
- I want to keep my teddy bear. 나는 내 곰 인형을 간직하고 싶어.

44 DAY 06

Do You Have a Pencil? **45**

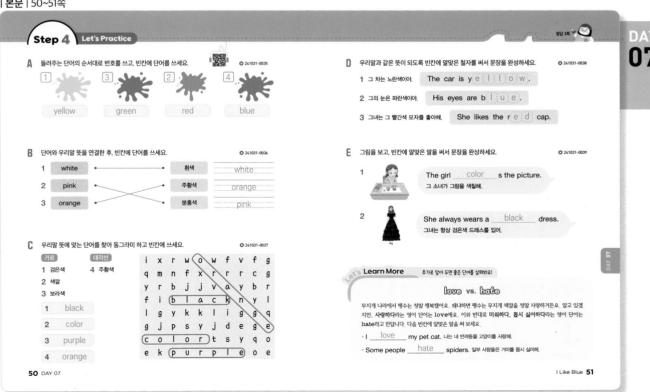

Step 4 Let's Practice

A 들려주는 단어의 순서대로 번호를 쓰고, 빈칸에 단어를 쓰세요. 241031-0035

1 yellow   3 green   2 red   4 blue

B 단어와 우리말 뜻을 연결한 후, 빈칸에 단어를 쓰세요. 241031-0036

1 white — 흰색 — white
2 pink — 주황색 — orange
3 orange — 분홍색 — pink

C 우리말 뜻에 맞는 단어를 찾아 동그라미 하고 빈칸에 쓰세요. 241031-0037

가로
1 검은색
2 색깔
3 보라색

대각선
4 주황색

i x r w o w f v f g
q m n f x r r r c g
y r b j j v a p h r
f i b l a c k n y l
l g y k k l i g g a
g j p s y j d e g e
c o l o r t s y q o
e k p u r p l e o e

1 black
2 color
3 purple
4 orange

D 우리말과 같은 뜻이 되도록 빈칸에 알맞은 철자를 써서 문장을 완성하세요. 241031-0038

1 그 차는 노란색이야. The car is yellow.
2 그의 눈은 파란색이야. His eyes are blue.
3 그녀는 그 빨간색 모자를 좋아해. She likes the red cap.

E 그림을 보고, 빈칸에 알맞은 말을 써서 문장을 완성하세요. 241031-0039

1 The girl colors the picture. 그 소녀가 그림을 색칠해.
2 She always wears a black dress. 그녀는 항상 검은색 드레스를 입어.

Let's Learn More 추가로 알아 두면 좋은 단어를 살펴봐요!

love vs. hate

무지개 나라에서 팽수는 정말 행복했어요. 왜냐하면 팽수는 무지개 색깔을 정말 사랑하거든요. 알고 있겠지만, **사랑하다**라는 영어 단어는 love예요. 이와 반대로 **미워하다, 몹시 싫어하다**라는 영어 단어는 hate라고 한답니다. 다음 빈칸에 알맞은 말을 써 보세요.

- I love my pet cat. 나는 내 반려동물 고양이를 사랑해.
- Some people hate spiders. 일부 사람들은 거미를 몹시 싫어해.

50 DAY 07

I Like Blue **51**

정답 **3**

DAY 08

Step 4 Let's Practice

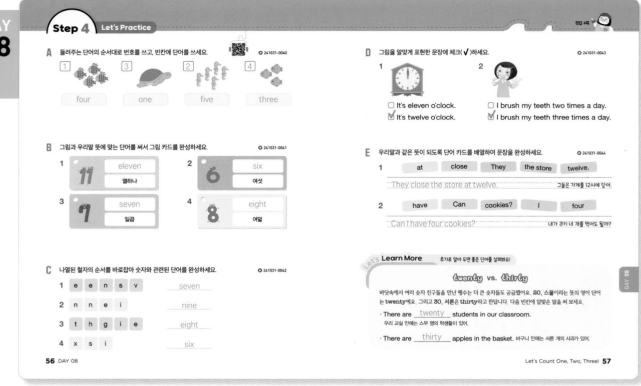

A 들려주는 단어의 순서대로 번호를 쓰고, 빈칸에 단어를 쓰세요. ● 241031-0040

1 four 3 one 2 five 4 three

B 그림과 우리말 뜻에 맞는 단어를 써서 그림 카드를 완성하세요. ● 241031-0041

1 eleven / 열하나
2 six / 여섯
3 seven / 일곱
4 eight / 여덟

C 나열된 철자의 순서를 바로잡아 숫자와 관련된 단어를 완성하세요. ● 241031-0042

1 e e n s v → seven
2 n n e i → nine
3 t h g i e → eight
4 x s i → six

D 그림을 알맞게 표현한 문장에 체크(✓)하세요. ● 241031-0043

1
☐ It's eleven o'clock.
☑ It's twelve o'clock.

2
☐ I brush my teeth two times a day.
☑ I brush my teeth three times a day.

E 우리말과 같은 뜻이 되도록 단어 카드를 배열하여 문장을 완성하세요. ● 241031-0044

1 at | close | They | the store | twelve.
They close the store at twelve. 그들은 가게를 12시에 닫아.

2 have | Can | cookies? | I | four
Can I have four cookies? 내가 쿠키 네 개를 먹어도 될까?

Let's Learn More 추가로 알아 두면 좋은 단어를 살펴봐요!

twenty vs. thirty

바닷속에서 여러 숫자 친구들을 만난 팽수는 더 큰 숫자들도 궁금했어요. 20, 스물이라는 뜻의 영어 단어는 twenty예요. 그리고 30, 서른은 thirty라고 한답니다. 다음 빈칸에 알맞은 말을 써 보세요.

• There are ___twenty___ students in our classroom.
우리 교실 안에는 스무 명의 학생들이 있어.

• There are ___thirty___ apples in the basket. 바구니 안에는 서른 개의 사과가 있어.

56 DAY 08

Let's Count One, Two, Three! 57

DAY 09

Step 4 Let's Practice

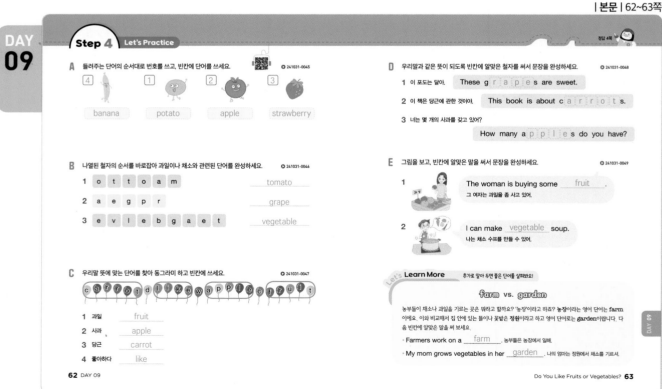

A 들려주는 단어의 순서대로 번호를 쓰고, 빈칸에 단어를 쓰세요. ● 241031-0045

4 banana 1 potato 2 apple 3 strawberry

B 나열된 철자의 순서를 바로잡아 과일이나 채소와 관련된 단어를 완성하세요. ● 241031-0046

1 o t t o a m → tomato
2 a e g p r → grape
3 e v l e b g a e t → vegetable

C 우리말 뜻에 맞는 단어를 찾아 동그라미 하고 빈칸에 쓰세요. ● 241031-0047

c a r r o t d l i k e w a p p l e c f r u i t

1 과일 fruit
2 사과 apple
3 당근 carrot
4 좋아하다 like

D 우리말과 같은 뜻이 되도록 빈칸에 알맞은 철자를 써서 문장을 완성하세요. ● 241031-0048

1 이 포도는 달아. These g r a p e s are sweet.

2 이 책은 당근에 관한 것이야. This book is about c a r r o t s.

3 너는 몇 개의 사과를 갖고 있어? How many a p p l e s do you have?

E 그림을 보고, 빈칸에 알맞은 말을 써서 문장을 완성하세요. ● 241031-0049

1 The woman is buying some ___fruit___.
그 여자는 과일을 좀 사고 있어.

2 I can make ___vegetable___ soup.
나는 채소 수프를 만들 수 있어.

Let's Learn More 추가로 알아 두면 좋은 단어를 살펴봐요!

farm vs. garden

농부들이 채소나 과일을 기르는 곳은 뭐라고 할까요? '농장'이라고 하죠? 농장이라는 영어 단어는 farm 이에요. 이와 비교해서 집 안에 있는 뜰이나 꽃밭은 정원이라고 하고 영어 단어로는 garden이랍니다. 다음 빈칸에 알맞은 말을 써 보세요.

• Farmers work on a ___farm___. 농부들은 농장에서 일해.

• My mom grows vegetables in her ___garden___. 나의 엄마는 정원에서 채소를 기르셔.

62 DAY 09

Do You Like Fruits or Vegetables? 63

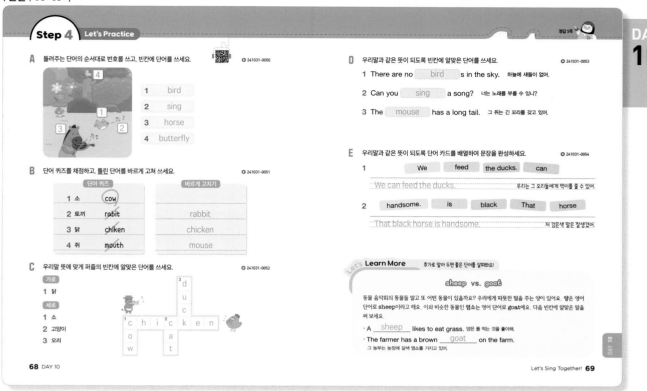

Step 4 Let's Practice

A 들려주는 단어의 순서대로 번호를 쓰고, 빈칸에 단어를 쓰세요. ◎ 241031-0050

1 bird
2 sing
3 horse
4 butterfly

B 단어 퀴즈를 채점하고, 틀린 단어를 바르게 고쳐 쓰세요. ◎ 241031-0051

단어 퀴즈 / 바르게 고치기

1 소 cow
2 토끼 rabit → rabbit
3 닭 chiken → chicken
4 쥐 mouth → mouse

C 우리말 뜻에 맞게 퍼즐의 빈칸에 알맞은 단어를 쓰세요. ◎ 241031-0052

가로
1 닭
세로
1 소
2 고양이
3 오리

D 우리말과 같은 뜻이 되도록 빈칸에 알맞은 단어를 쓰세요. ◎ 241031-0053

1 There are no bird s in the sky. 하늘에 새들이 없어.
2 Can you sing a song? 너는 노래를 부를 수 있니?
3 The mouse has a long tail. 그 쥐는 긴 꼬리를 갖고 있어.

E 우리말과 같은 뜻이 되도록 단어 카드를 배열하여 문장을 완성하세요. ◎ 241031-0054

1 We | feed | the ducks. | can
We can feed the ducks. 우리는 그 오리들에게 먹이를 줄 수 있어.

2 handsome. | is | black | That | horse
That black horse is handsome. 저 검은색 말은 잘생겼어.

Let's **Learn More** 추가로 알아 두면 좋은 단어를 살펴봐요!

sheep vs. *goat*

동물 음악회의 동물들 말고 또 어떤 동물이 있을까요? 우리에게 따뜻한 털을 주는 양이 있어요. 양은 영어 단어로 sheep이라고 해요. 이와 비슷한 동물인 염소는 영어 단어로 goat예요. 다음 빈칸에 알맞은 말을 써 보세요.

• A sheep likes to eat grass. 양은 풀 먹는 것을 좋아해.
• The farmer has a brown goat on the farm.
  그 농부는 농장에 갈색 염소를 가지고 있어.

68 DAY 10　　　　　　Let's Sing Together! 69

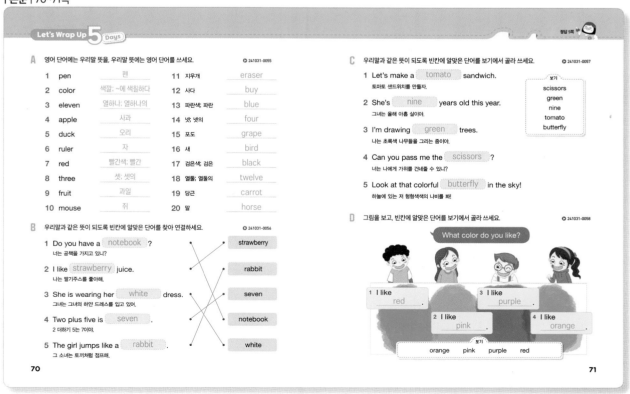

Let's Wrap Up 5 Days

A 영어 단어에는 우리말 뜻을, 우리말 뜻에는 영어 단어를 쓰세요. ◎ 241031-0055

1 pen 펜
2 color 색깔; ~에 색칠하다
3 eleven 열하나; 열하나의
4 apple 사과
5 duck 오리
6 ruler 자
7 red 빨간색; 빨간
8 three 셋; 셋의
9 fruit 과일
10 mouse 쥐

11 지우개 eraser
12 사다 buy
13 파란색; 파란 blue
14 넷; 넷의 four
15 포도 grape
16 새 bird
17 검은색; 검은 black
18 열둘; 열둘의 twelve
19 당근 carrot
20 말 horse

B 우리말과 같은 뜻이 되도록 빈칸에 알맞은 단어를 찾아 연결하세요. ◎ 241031-0056

1 Do you have a notebook ?
너는 공책을 가지고 있니?

2 I like strawberry juice.
나는 딸기주스를 좋아해.

3 She is wearing her white dress.
그녀는 그녀의 하얀 드레스를 입고 있어.

4 Two plus five is seven .
2 더하기 5는 7이야.

5 The girl jumps like a rabbit .
그 소녀는 토끼처럼 점프해.

• strawberry
• rabbit
• seven
• notebook
• white

C 우리말과 같은 뜻이 되도록 빈칸에 알맞은 단어를 보기에서 골라 쓰세요. ◎ 241031-0057

1 Let's make a tomato sandwich.
토마토 샌드위치를 만들자.

2 She's nine years old this year.
그녀는 올해 아홉 살이야.

3 I'm drawing green trees.
나는 초록색 나무들을 그리는 중이야.

4 Can you pass me the scissors ?
너는 나에게 가위를 건네줄 수 있니?

5 Look at that colorful butterfly in the sky!
하늘에 있는 저 형형색색의 나비를 봐!

보기
scissors
green
nine
tomato
butterfly

D 그림을 보고, 빈칸에 알맞은 단어를 보기에서 골라 쓰세요. ◎ 241031-0058

What color do you like?

1 I like red
2 I like pink
3 I like purple
4 I like orange

보기
orange　pink　purple　red

70　　　　　71

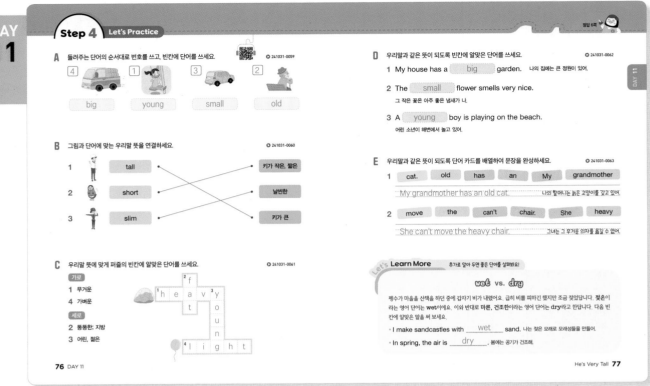

He's Very Tall **77**

DAY 12

Step 4 Let's Practice

A 들려주는 단어의 순서대로 번호를 쓰고, 빈칸에 단어를 쓰세요. 241031-0064

1	3	2	4
hat	cap	socks	coat

B 단어와 우리말 뜻을 연결한 후, 빈칸에 단어를 쓰세요. 241031-0065

1 T-shirt   신발   shoes
2 shoes   티셔츠   T-shirt
3 wear   입다   wear

C 우리말 뜻에 맞는 단어를 찾아 동그라미 하고 빈칸에 쓰세요. 241031-0066

가로   대각선
1 외투, 코트   4 비싼
세로
2 치마
3 바지

1 coat
2 skirt
3 pants
4 expensive

e	y	x	t	z	q	s	p	m
f	x	w	r	d	g	c	t	w
s	j	p	a	p	v	x	g	u
k	i	j	e	a	i	g	u	u
i	w	r	a	n	h	p	u	a
r	z	x	r	t	s	w	u	u
t	t	r	i	s	j	i	d	n
b	c	o	a	t	c	u	v	w
c	z	h	j	h	q	l	l	e

D 우리말과 같은 뜻이 되도록 빈칸에 알맞은 철자를 써서 문장을 완성하세요. 241031-0067

1 나는 겨울에 따뜻한 모자를 써. I wear a warm h a t in winter.

2 그 티셔츠는 나에게 커. The T- s h i r t is big for me.

3 나는 빨간색 양말과 파란색 양말을 가지고 있어.

I have red s o c k s and blue s o c k s .

E 그림을 보고, 빈칸에 알맞은 말을 써서 문장을 완성하세요. 241031-0068

1 My new pants are not expensive .
나의 새 바지는 비싸지 않아.

2 She likes her pretty shoes .
그녀는 그녀의 예쁜 신발을 좋아해.

Let's Learn More 추가로 알아 두면 좋은 단어를 살펴봐요!

sweater vs. jacket

펭수는 신발을 고르고 난 후 코트 안에 입을 스웨터를 골랐어요. 스웨터는 영어로 sweater라고 해요. 이와 비교해서 재킷이라는 영어 단어는 jacket이랍니다. 다음 빈칸에 알맞은 말을 써 보세요.

• My favorite sweater is blue. 내가 가장 좋아하는 스웨터는 파란색이야.

• My dad wears a black jacket in his office.
나의 아빠는 사무실에서 검은색 재킷을 입으셔.

Pengsoo Wants New Shoes **83**

---

6 정답

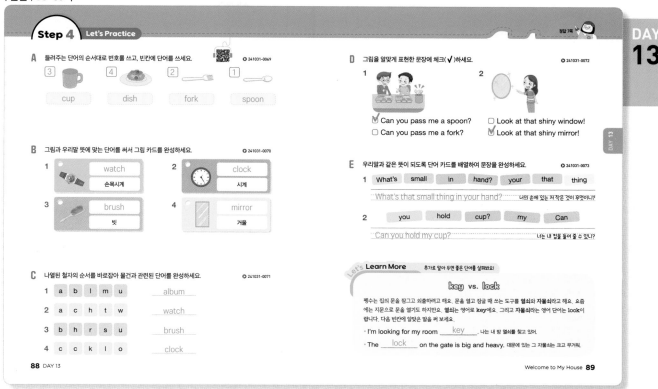

Step 4 Let's Practice

정답 7쪽

A 들려주는 단어의 순서대로 번호를 쓰고, 빈칸에 단어를 쓰세요. 241031-0069

[3] cup [4] dish [2] fork [1] spoon

B 그림과 우리말 뜻에 맞는 단어를 써서 그림 카드를 완성하세요. 241031-0070

1 watch / 손목시계
2 clock / 시계
3 brush / 빗
4 mirror / 거울

C 나열된 철자의 순서를 바로잡아 물건과 관련된 단어를 완성하세요. 241031-0071

1 a b l m u → album
2 a c h t w → watch
3 b h r s u → brush
4 c c k l o → clock

D 그림을 알맞게 표현한 문장에 체크(✓)하세요. 241031-0072

1
☑ Can you pass me a spoon?
☐ Can you pass me a fork?

2
☐ Look at that shiny window!
☑ Look at that shiny mirror!

E 우리말과 같은 뜻이 되도록 단어 카드를 배열하여 문장을 완성하세요. 241031-0073

1 What's / small / in / hand? / your / that / thing
What's that small thing in your hand? 너의 손에 있는 저 작은 것이 무엇이니?

2 you / hold / cup? / my / Can
Can you hold my cup? 너는 내 컵을 들어 줄 수 있니?

Let's Learn More 추가로 알아 두면 좋은 단어를 살펴봐요!

key vs. lock

펭수는 집의 문을 잠그고 외출하려고 해요. 문을 열고 잠글 때 쓰는 도구를 **열쇠**와 **자물쇠**라고 해요. 요즘에는 지문으로 문을 열기도 하지만요. **열쇠**는 영어로 **key**예요. 그리고 **자물쇠**라는 영어 단어는 **lock**이랍니다. 다음 빈칸에 알맞은 말을 써 보세요.

• I'm looking for my room ____key____ . 나는 내 방 열쇠를 찾고 있어.
• The ____lock____ on the gate is big and heavy. 대문에 있는 그 자물쇠는 크고 무거워.

88 DAY 13 / Welcome to My House 89

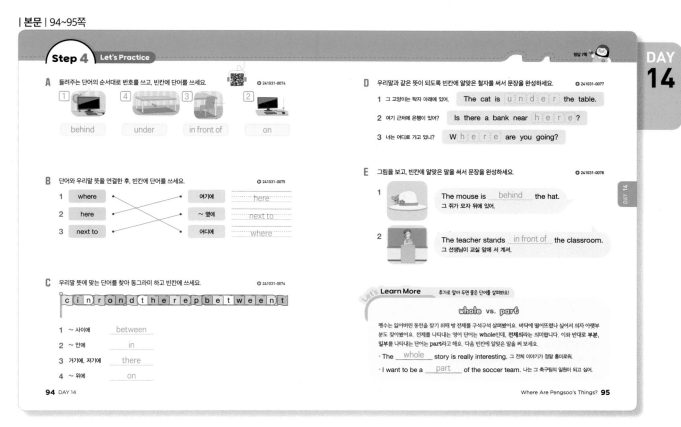

Step 4 Let's Practice

정답 7쪽

A 들려주는 단어의 순서대로 번호를 쓰고, 빈칸에 단어를 쓰세요. 241031-0074

[1] behind [4] under [3] in front of [2] on

B 단어와 우리말 뜻을 연결한 후, 빈칸에 단어를 쓰세요. 241031-0075

1 where — 여기에 — here
2 here — ~ 옆에 — next to
3 next to — 어디에 — where

C 우리말 뜻에 맞는 단어를 찾아 동그라미 하고 빈칸에 쓰세요. 241031-0076

c i n r o n d t h e r e p b e t w e e n t

1 ~ 사이에 between
2 ~ 안에 in
3 거기에, 저기에 there
4 ~ 위에 on

D 우리말과 같은 뜻이 되도록 빈칸에 알맞은 철자를 써서 문장을 완성하세요. 241031-0077

1 그 고양이는 탁자 아래에 있어. The cat is u n d e r the table.
2 여기 근처에 은행이 있어? Is there a bank near h e r e ?
3 너는 어디로 가고 있니? W h e r e are you going?

E 그림을 보고, 빈칸에 알맞은 말을 써서 문장을 완성하세요. 241031-0078

1 The mouse is behind the hat.
그 쥐가 모자 뒤에 있어.

2 The teacher stands in front of the classroom.
그 선생님이 교실 앞에 서 계셔.

Let's Learn More 추가로 알아 두면 좋은 단어를 살펴봐요!

whole vs. part

펭수는 잃어버린 동전을 찾기 위해 방 전체를 구석구석 살펴봤어요. 바닥에 떨어뜨렸나 싶어서 의자 아랫부분도 찾아봤어요. 전체를 나타내는 영어 단어는 **whole**인데, 전체라의 의미랍니다. 이와 반대로 **부분**, 일부를 나타내는 단어는 **part**라고 해요. 다음 빈칸에 알맞은 말을 써 보세요.

• The ____whole____ story is really interesting. 그 전체 이야기가 정말 흥미로워.
• I want to be a ____part____ of the soccer team. 나는 축구팀의 일원이 되고 싶어.

94 DAY 14 / Where Are Pengsoo's Things? 95

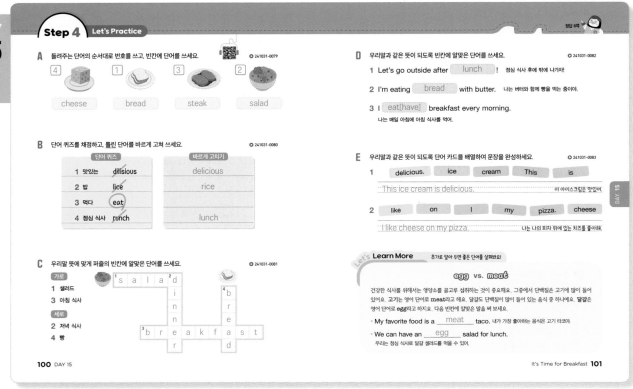

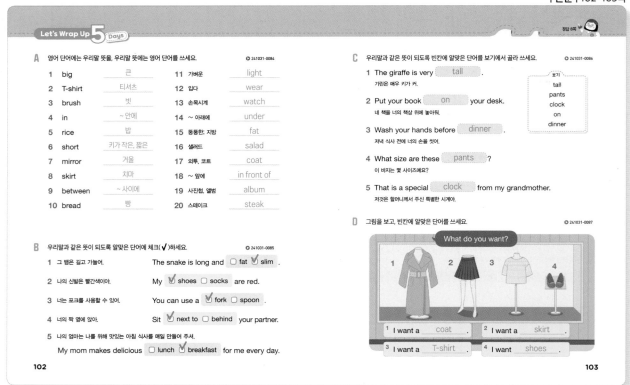

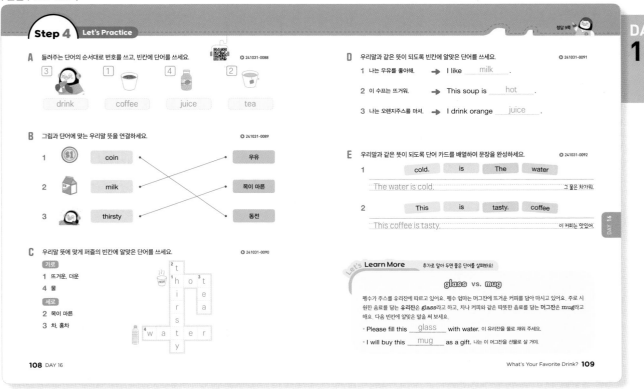

Step 4 Let's Practice

정답 9쪽

A 들려주는 단어의 순서대로 번호를 쓰고, 빈칸에 단어를 쓰세요. 241031-0088

[3] drink [1] coffee [4] juice [2] tea

B 그림과 단어에 맞는 우리말 뜻을 연결하세요. 241031-0089

1 coin — 동전
2 milk — 우유
3 thirsty — 목이 마른

C 우리말 뜻에 맞게 퍼즐의 빈칸에 알맞은 단어를 쓰세요. 241031-0090

가로
1 뜨거운, 더운
4 물

세로
2 목이 마른
3 차, 홍차

h o t
t h i r s t y
t e a
w a t e r

D 우리말과 같은 뜻이 되도록 빈칸에 알맞은 단어를 쓰세요. 241031-0091

1 나는 우유를 좋아해. → I like milk .
2 이 수프는 뜨거워. → This soup is hot .
3 나는 오렌지주스를 마셔. → I drink orange juice .

E 우리말과 같은 뜻이 되도록 단어 카드를 배열하여 문장을 완성하세요. 241031-0092

1 cold. | is | The | water
The water is cold. 그 물은 차가워.

2 This | is | tasty. | coffee
This coffee is tasty. 이 커피는 맛있어.

Let's **Learn More** 추가로 알아 두면 좋은 단어를 살펴봐요!

glass vs. mug

펭수가 주스를 유리잔에 따르고 있어요. 펭수 엄마는 머그잔에 뜨거운 커피를 담아 마시고 있어요. 주로 시원한 음료를 담는 유리잔은 **glass**라고 하고, 차나 커피와 같은 따뜻한 음료를 담는 머그잔은 **mug**라고 해요. 다음 빈칸에 알맞은 말을 써 보세요.

• Please fill this glass with water. 이 유리잔을 물로 채워 주세요.
• I will buy this mug as a gift. 나는 이 머그잔을 선물로 살 거야.

108 DAY 16

What's Your Favorite Drink? **109**

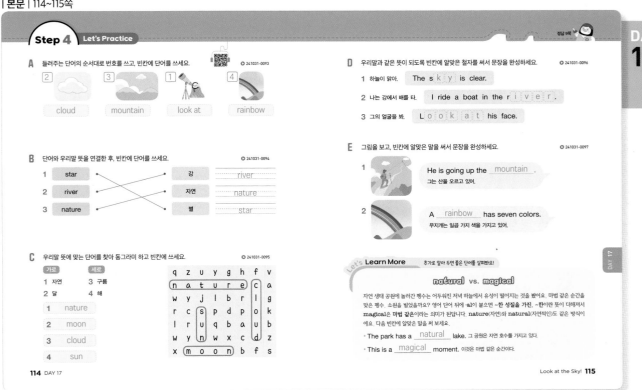

Step 4 Let's Practice

정답 9쪽

A 들려주는 단어의 순서대로 번호를 쓰고, 빈칸에 단어를 쓰세요. 241031-0093

[2] cloud [3] mountain [1] look at [4] rainbow

B 단어와 우리말 뜻을 연결한 후, 빈칸에 단어를 쓰세요. 241031-0094

1 star — 강 river
2 river — 자연 nature
3 nature — 별 star

C 우리말 뜻에 맞는 단어를 찾아 동그라미 하고 빈칸에 쓰세요. 241031-0095

가로
1 자연
2 달

세로
3 구름
4 해

1 nature
2 moon
3 cloud
4 sun

q z u y g h f v
n a t u r e c a
w y j l b r l g
r c s p d p o k
l r u q b a u d
w y n w x c d z
x m o o n b f s

D 우리말과 같은 뜻이 되도록 빈칸에 알맞은 철자를 써서 문장을 완성하세요. 241031-0096

1 하늘이 맑아. The s k y is clear.
2 나는 강에서 배를 타. I ride a boat in the r i v e r .
3 그의 얼굴을 봐. L o o k a t his face.

E 그림을 보고, 빈칸에 알맞은 말을 써서 문장을 완성하세요. 241031-0097

1 He is going up the mountain .
그는 산을 오르고 있어.

2 A rainbow has seven colors.
무지개는 일곱 가지 색을 가지고 있어.

Let's **Learn More** 추가로 알아 두면 좋은 단어를 살펴봐요!

natural vs. magical

자연 생태 공원에 놀러간 펭수는 어두워진 저녁 하늘에서 유성이 떨어지는 것을 봤어요. 마법 같은 순간을 맞은 펭수, 소원을 빌었을까요? 영어 단어 뒤에 -al이 붙으면 ~한 성질을 가진, ~한이란 뜻이 더해져서 **magical**은 **마법 같은**이라는 의미가 된답니다. nature(자연)와 **natural**(자연적인)도 같은 방식이에요. 다음 빈칸에 알맞은 말을 써 보세요.

• The park has a natural lake. 그 공원은 자연 호수를 가지고 있다.
• This is a magical moment. 이것은 마법 같은 순간이다.

114 DAY 17

Look at the Sky! **115**

정답 **9**

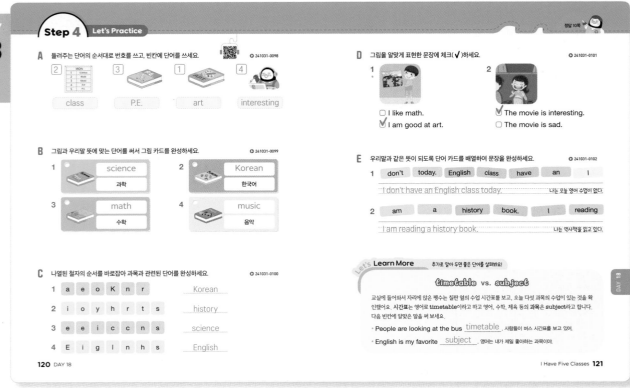

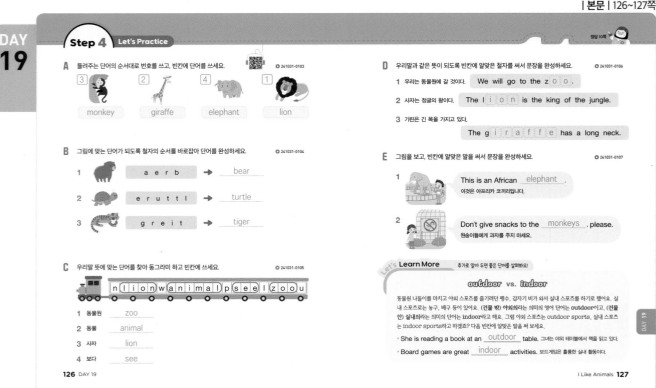

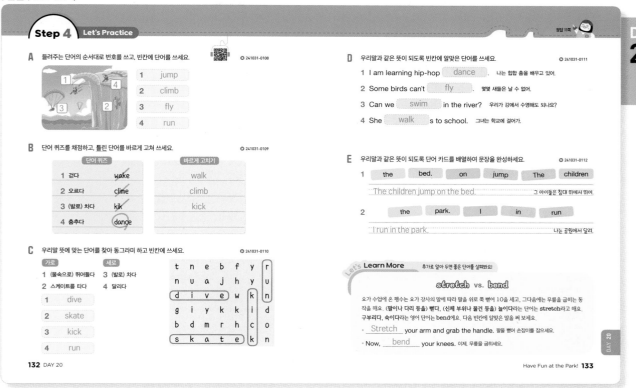

Step 4 Let's Practice

정답 11쪽

A 들려주는 단어의 순서대로 번호를 쓰고, 빈칸에 단어를 쓰세요. ⊙ 241031-0108

1 jump
2 climb
3 fly
4 run

B 단어 퀴즈를 채점하고, 틀린 단어를 바르게 고쳐 쓰세요. ⊙ 241031-0109

단어 퀴즈		바르게 고치기
1 걷다	wake	walk
2 오르다	clime	climb
3 (발로) 차다	kik	kick
4 춤추다	dance	

C 우리말 뜻에 맞는 단어를 찾아 동그라미 하고 빈칸에 쓰세요. ⊙ 241031-0110

가로
1 (물속으로) 뛰어들다
2 스케이트를 타다

세로
3 (발로) 차다
4 달리다

1 dive
2 skate
3 kick
4 run

t	n	e	b	f	y	r
n	u	a	j	h	y	u
d	i	v	e	w	k	n
g	i	y	k	k	i	d
b	d	m	r	h	c	o
s	k	a	t	e	k	n

D 우리말과 같은 뜻이 되도록 빈칸에 알맞은 단어를 쓰세요. ⊙ 241031-0111

1 I am learning hip-hop dance . 나는 힙합 춤을 배우고 있어.
2 Some birds can't fly . 몇몇 새들은 날 수 없어.
3 Can we swim in the river? 우리가 강에서 수영해도 되나요?
4 She walk s to school. 그녀는 학교에 걸어가.

E 우리말과 같은 뜻이 되도록 단어 카드를 배열하여 문장을 완성하세요. ⊙ 241031-0112

1 the   bed.   on   jump   The   children
　The children jump on the bed.　그 아이들은 침대 위에서 뛰어.

2 the   park.   I   in   run
　I run in the park.　나는 공원에서 달려.

Let's **Learn More** 추가로 알아 두면 좋은 단어를 살펴봐요!

stretch vs. **bend**

요가 수업에 온 펭수는 요가 강사의 말에 따라 팔을 위로 쭉 뻗어 10을 세고, 그다음에는 무릎을 굽히는 동작을 해요. (팔이나 다리 등을) 뻗다, (신체 부위나 물건 등을) 늘이다라는 단어는 stretch라고 해요. 구부리다, 숙이다는 영어 단어는 bend예요. 다음 빈칸에 알맞은 말을 써 보세요.

• Stretch your arm and grab the handle. 팔을 뻗어 손잡이를 잡으세요.
• Now, bend your knees. 이제, 무릎을 굽히세요.

DAY 20

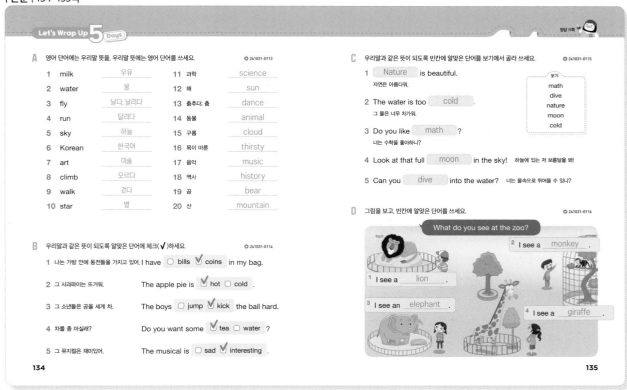

Let's Wrap Up 5 Days

정답 11쪽

A 영어 단어에는 우리말 뜻을, 우리말 뜻에는 영어 단어를 쓰세요. ⊙ 241031-0113

1 milk　우유
2 water　물
3 fly　날다, 날리다
4 run　달리다
5 sky　하늘
6 Korean　한국어
7 art　미술
8 climb　오르다
9 walk　걷다
10 star　별

11 과학　science
12 해　sun
13 춤추다; 춤　dance
14 동물　animal
15 구름　cloud
16 목이 마른　thirsty
17 음악　music
18 역사　history
19 곰　bear
20 산　mountain

B 우리말과 같은 뜻이 되도록 알맞은 단어에 체크(✔)하세요. ⊙ 241031-0114

1 나는 가방 안에 동전들을 가지고 있어. I have □ bills ✔ coins in my bag.
2 그 사과파이는 뜨거워. The apple pie is ✔ hot □ cold .
3 그 소년들은 공을 세게 차. The boys □ jump ✔ kick the ball hard.
4 차를 좀 마실래? Do you want some ✔ tea □ water ?
5 그 뮤지컬은 재미있어. The musical is □ sad ✔ interesting .

C 우리말과 같은 뜻이 되도록 빈칸에 알맞은 단어를 보기에서 골라 쓰세요. ⊙ 241031-0115

1 Nature is beautiful.
자연은 아름다워.

2 The water is too cold .
그 물은 너무 차가워.

3 Do you like math ?
너는 수학을 좋아하니?

4 Look at that full moon in the sky! 하늘에 있는 저 보름달을 봐!

5 Can you dive into the water? 너는 물속으로 뛰어들 수 있니?

보기
math
dive
nature
moon
cold

D 그림을 보고, 빈칸에 알맞은 단어를 쓰세요. ⊙ 241031-0116

What do you see at the zoo?

1 I see a lion
2 I see a monkey
3 I see an elephant
4 I see a giraffe

정답 **11**

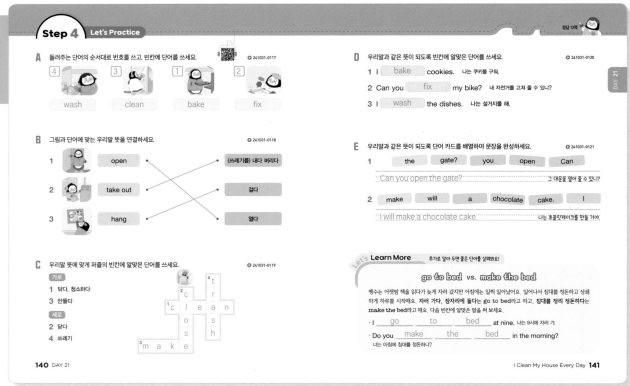

Step 4 Let's Practice

정답 12쪽

A 들려주는 단어의 순서대로 번호를 쓰고, 빈칸에 단어를 쓰세요. ◎ 241031-0117

4 wash   3 clean   1 bake   2 fix

B 그림과 단어에 맞는 우리말 뜻을 연결하세요. ◎ 241031-0118

1 open — 열다
2 take out — (쓰레기를) 내다 버리다
3 hang — 걸다

C 우리말 뜻에 맞게 퍼즐의 빈칸에 알맞은 단어를 쓰세요. ◎ 241031-0119

가로
1 닦다, 청소하다
3 만들다

세로
2 닫다
4 쓰레기

c l e a n
trash
close
make

D 우리말과 같은 뜻이 되도록 빈칸에 알맞은 단어를 쓰세요. ◎ 241031-0120

1 I bake cookies. 나는 쿠키를 구워.
2 Can you fix my bike? 내 자전거를 고쳐 줄 수 있니?
3 I wash the dishes. 나는 설거지를 해.

E 우리말과 같은 뜻이 되도록 단어 카드를 배열하여 문장을 완성하세요. ◎ 241031-0121

1 the | gate? | you | open | Can
Can you open the gate? 그 대문을 열어 줄 수 있니?

2 make | will | a | chocolate | cake. | I
I will make a chocolate cake. 나는 초콜릿케이크를 만들 거야.

Let's Learn More 추가로 알아 두면 좋은 단어를 살펴봐요!

go to bed vs. make the bed

펭수는 어젯밤 책을 읽다가 늦게 자러 갔지만 아침에는 일찍 일어났어요. 일어나서 침대를 정돈하고 상쾌하게 하루를 시작해요. 자러 가다, 잠자리에 들다는 go to bed라고 하고, 침대를 정리 정돈하다는 make the bed라고 해요. 다음 빈칸에 알맞은 말을 써 보세요.

• I go   to   bed at nine. 나는 9시에 자러 가.
• Do you make   the   bed in the morning? 너는 아침에 침대를 정돈하니?

140 DAY 21   I Clean My House Every Day **141**

Step 4 Let's Practice

정답 12쪽

A 들려주는 단어의 순서대로 번호를 쓰고, 빈칸에 단어를 쓰세요. ◎ 241031-0122

1 airplane   4 ship   3 ride   2 bus

B 단어와 우리말 뜻을 연결한 후, 빈칸에 단어를 쓰세요. ◎ 241031-0123

1 car — 기차 — train
2 train — 자동차 — car
3 on foot — 걸어서 — on foot

C 우리말 뜻에 맞는 단어를 찾아 동그라미 하고 빈칸에 쓰세요. ◎ 241031-0124

가로
1 자전거
2 지하철
3 기차

세로
4 ~로, ~을 타고

c h q (b i k e) h
d j j y p j i q
k q k l r z w q
(s u b w a y) z s
t a w k u x m y
a (t r a i n) b y

1 bike
2 subway
3 train
4 by

D 우리말과 같은 뜻이 되도록 빈칸에 알맞은 철자를 써서 문장을 완성하세요. ◎ 241031-0125

1 이 버스는 부산으로 가. This b u s goes to Busan.
2 지하철에 많은 사람들이 있어.
There are many people on the s u b w a y .
3 그는 모형 비행기를 만들고 있어.
He is making a model a i r p l a n e .

E 그림을 보고, 빈칸에 알맞은 말을 써서 문장을 완성하세요. ◎ 241031-0126

1 I need a new bike .
나는 새 자전거가 필요해.

2 That ship is really big.
저 배는 정말 커.

Let's Learn More 추가로 알아 두면 좋은 단어를 살펴봐요!

ticket vs. passport

이번 방학에 해외여행을 가기로 한 펭수는 집이 공항에서 멀어서, 비행기를 타기 위해 우선 기차를 타고 공항으로 가야 해요. 기차를 탈 때 꼭 필요한 것은 승차권, ticket이에요. 그리고 해외에 나갈 때는 본인의 이름, 국적 등의 정보가 담긴 여권, passport를 가지고 가야 해요. 다음 빈칸에 알맞은 말을 써 보세요.

• How much is a bus ticket ? 버스 승차권은 얼마인가요?
• May I see your passport , please? 당신의 여권을 볼 수 있을까요?

146 DAY 22   How Do You Go There? **147**

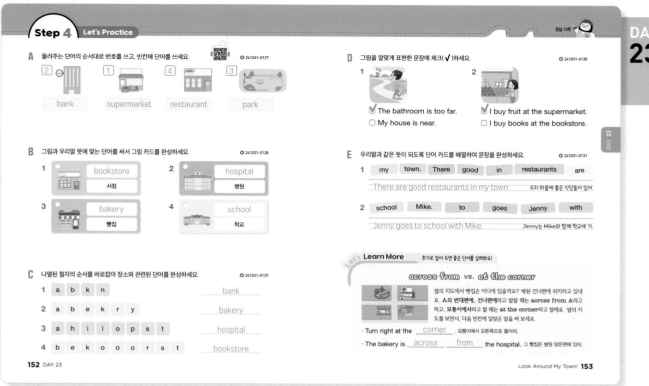

A 들려주는 단어의 순서대로 번호를 쓰고, 빈칸에 단어를 쓰세요. 241031-0127

2 bank　1 supermarket　4 restaurant　3 park

B 그림과 우리말 뜻에 맞는 단어를 써서 그림 카드를 완성하세요. 241031-0128

1 bookstore 서점　2 hospital 병원
3 bakery 빵집　4 school 학교

C 나열된 철자의 순서를 바로잡아 장소와 관련된 단어를 완성하세요. 241031-0129

1 a b k n → bank
2 a b e k r y → bakery
3 a h i l o p s t → hospital
4 b e k o o o r s t → bookstore

D 그림을 알맞게 표현한 문장에 체크(✔)하세요. 241031-0130

1 ✔ The bathroom is too far.
　□ My house is near.

2 ✔ I buy fruit at the supermarket.
　□ I buy books at the bookstore.

E 우리말과 같은 뜻이 되도록 단어 카드를 배열하여 문장을 완성하세요. 241031-0131

1 my　town.　There　good　in　restaurants　are
There are good restaurants in my town. 우리 마을에 좋은 식당들이 있어.

2 school　Mike.　to　goes　Jenny　with
Jenny goes to school with Mike. Jenny는 Mike와 함께 학교에 가.

Let's Learn More 추가로 알아 두면 좋은 단어를 살펴봐요!

across from vs. at the corner

옆의 지도에서 빵집은 어디에 있을까요? 병원 건너편에 위치하고 있네요. A의 반대편에, 건너편에라고 말할 때는 across from A라고 하고, 모퉁이에서라고 할 때는 at the corner라고 해요. 옆의 지도를 보면서, 다음 빈칸에 알맞은 말을 써 보세요.

- Turn right at the corner . 모퉁이에서 오른쪽으로 돌아라.
- The bakery is across from the hospital. 그 빵집은 병원 맞은편에 있어.

152 DAY 23

Look Around My Town! 153

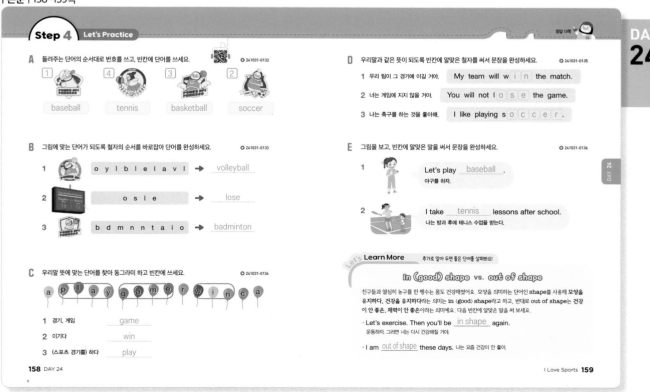

A 들려주는 단어의 순서대로 번호를 쓰고, 빈칸에 단어를 쓰세요. 241031-0132

1 baseball　4 tennis　3 basketball　2 soccer

B 그림에 맞는 단어가 되도록 철자의 순서를 바로잡아 단어를 완성하세요. 241031-0133

1 o y l b l e l a v l → volleyball
2 o s l e → lose
3 b d m n n t a i o → badminton

C 우리말 뜻에 맞는 단어를 찾아 동그라미 하고 빈칸에 쓰세요. 241031-0134

a p l a y g a m e r w i n c a

1 경기, 게임 game
2 이기다 win
3 (스포츠 경기를) 하다 play

D 우리말과 같은 뜻이 되도록 빈칸에 알맞은 철자를 써서 문장을 완성하세요. 241031-0135

1 우리 팀이 그 경기에 이길 거야. My team will w i n the match.
2 너는 게임에 지지 않을 거야. You will not l o s e the game.
3 나는 축구를 하는 것을 좋아해. I like playing s o c c e r .

E 그림을 보고, 빈칸에 알맞은 말을 써서 문장을 완성하세요. 241031-0136

1 Let's play baseball .
아구를 하자.

2 I take tennis lessons after school.
나는 방과 후에 테니스 수업을 받는다.

Let's Learn More 추가로 알아 두면 좋은 단어를 살펴봐요!

in (good) shape vs. out of shape

친구들과 열심히 농구를 한 펭수는 몸도 건강해졌어요. 모양을 의미하는 단어인 shape를 사용해 모양을 유지하다, 건강을 유지하다라는 의미는 in (good) shape라고 하고, 반대로 out of shape는 건강이 안 좋은, 체력이 안 좋은이라는 의미예요. 다음 빈칸에 알맞은 말을 써 보세요.

- Let's exercise. Then you'll be in shape again.
운동하자. 그러면 너는 다시 건강해질 거야.

- I am out of shape these days. 나는 요즘 건강이 안 좋아.

158 DAY 24

I Love Sports 159

정답 **13**

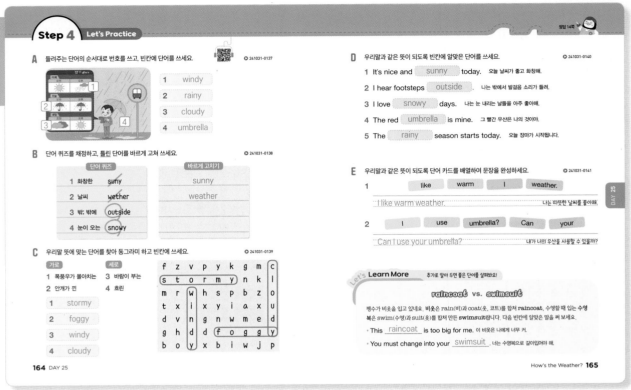

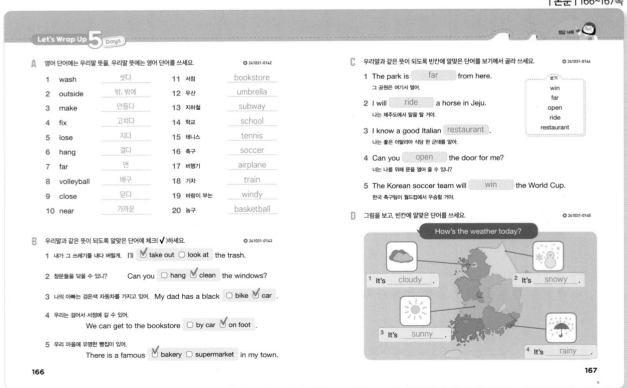

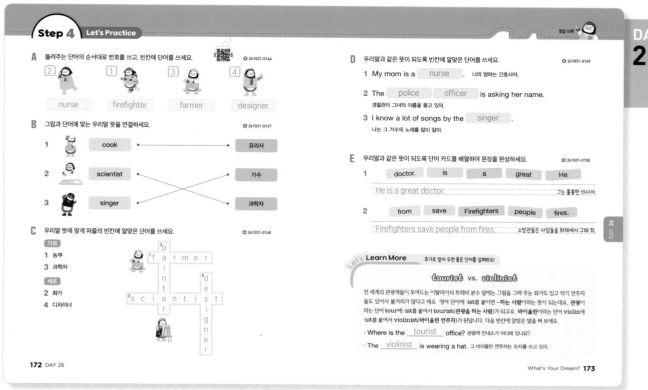

Step 4 Let's Practice   정답 15쪽

A 들려주는 단어의 순서대로 번호를 쓰고, 빈칸에 단어를 쓰세요.   241031-0146

[2] nurse   [1] firefighter   [3] farmer   [4] designer

B 그림과 단어에 맞는 우리말 뜻을 연결하세요.   241031-0147

1 cook ——————— 요리사
2 scientist ——×—— 가수
3 singer ——×—— 과학자

C 우리말 뜻에 맞게 퍼즐의 빈칸에 알맞은 단어를 쓰세요.   241031-0148

가로
1 농부
3 과학자

세로
2 화가
4 디자이너

¹f a r m e r
²p a i n t e r
³s c i e n t i s t
⁴d e s i g n e r

D 우리말과 같은 뜻이 되도록 빈칸에 알맞은 단어를 쓰세요.   241031-0149

1 My mom is a nurse . 나의 엄마는 간호사야.

2 The police   officer is asking her name.
경찰관이 그녀의 이름을 묻고 있어.

3 I know a lot of songs by the singer .
나는 그 가수의 노래를 많이 알아.

E 우리말과 같은 뜻이 되도록 단어 카드를 배열하여 문장을 완성하세요.   241031-0150

1 doctor.   is   a   great   He

He is a great doctor.   그는 훌륭한 의사야.

2 from   save   Firefighters   people   fires.

Firefighters save people from fires.   소방관들은 사람들을 화재에서 구해 줘.

Let's Learn More 추가로 알아 두면 좋은 단어를 살펴봐요!

tourist vs. violinist

전 세계의 관광객들이 모여드는 이탈리아의 트레비 분수 앞에는 그림을 그려 주는 화가도 있고 악기 연주자들도 있어서 볼거리가 많다고 해요. 영어 단어에 -ist를 붙이면 –하는 사람이라는 뜻이 되는데요, 관광이라는 단어 tour에 -ist를 붙여서 tourist(관광을 하는 사람)가 되고요. 바이올린이라는 단어 violin에 -ist를 붙여서 violinist(바이올린 연주자)가 된답니다. 다음 빈칸에 알맞은 말을 써 보세요.

• Where is the tourist office? 관광객 안내소가 어디에 있나요?
• The violinist is wearing a hat. 그 바이올린 연주자는 모자를 쓰고 있어.

172 DAY 26   What's Your Dream? **173**

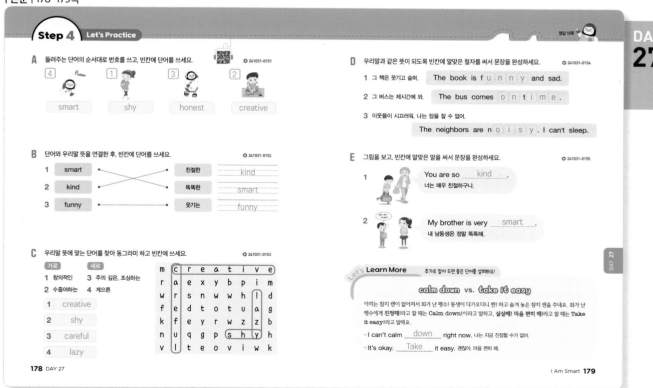

Step 4 Let's Practice   정답 15쪽

A 들려주는 단어의 순서대로 번호를 쓰고, 빈칸에 단어를 쓰세요.   241031-0151

[4] smart   [1] shy   [3] honest   [2] creative

B 단어와 우리말 뜻을 연결한 후, 빈칸에 단어를 쓰세요.   241031-0152

1 smart ——×—— 친절한   kind
2 kind ——×—— 똑똑한   smart
3 funny ——————— 웃기는   funny

C 우리말 뜻에 맞는 단어를 찾아 동그라미 하고 빈칸에 쓰세요.   241031-0153

가로
1 창의적인
2 수줍어하는

세로
3 주의 깊은, 조심하는
4 게으른

m	c	r	e	a	t	i	v	e
r	a	e	x	y	b	p	i	m
w	r	s	n	w	h	l	d
f	e	d	t	o	t	u	a	g
k	f	e	y	r	w	z	z	b
n	u	q	g	p	s	h	y	h
v	l	t	e	o	v	i	w	k

1 creative
2 shy
3 careful
4 lazy

D 우리말과 같은 뜻이 되도록 빈칸에 알맞은 철자를 써서 문장을 완성하세요.   241031-0154

1 그 책은 웃기고 슬퍼. The book is f u n n y and sad.

2 그 버스는 제시간에 와. The bus comes o n t i m e .

3 이웃들이 시끄러워. 나는 잠을 잘 수 없어.
The neighbors are n o i s y . I can't sleep.

E 그림을 보고, 빈칸에 알맞은 말을 써서 문장을 완성하세요.   241031-0155

1 You are so kind .
너는 매우 친절하구나.

2 My brother is very smart .
내 남동생은 정말 똑똑해.

Let's Learn More 추가로 알아 두면 좋은 단어를 살펴봐요!

calm down vs. take it easy

아끼는 참치 캔이 없어져서 화가 난 펭귄! 동생이 다가오더니 싼! 하고 숨겨 놓은 참치 캔을 주네요. 화가 난 펭귄에게 진정해라고 할 때는 Calm down!이라고 말하고, 살살해! 마음 편히 해라고 할 때는 Take it easy!라고 말해요.

• I can't calm down right now. 나는 지금 진정할 수가 없어.
• It's okay. Take it easy. 괜찮아. 마음 편히 해.

178 DAY 27   I Am Smart **179**

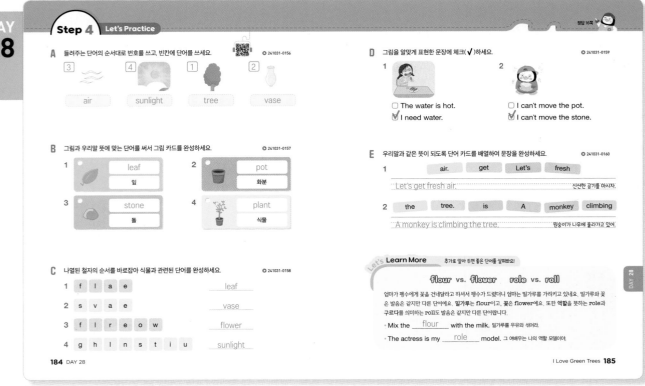

Step 4 Let's Practice

A 들려주는 단어의 순서대로 번호를 쓰고, 빈칸에 단어를 쓰세요. 241031-0156

3 air 4 sunlight 1 tree 2 vase

B 그림과 우리말 뜻에 맞는 단어를 써서 그림 카드를 완성하세요. 241031-0157

1 leaf / 잎
2 pot / 화분
3 stone / 돌
4 plant / 식물

C 나열된 철자의 순서를 바로잡아 식물과 관련된 단어를 완성하세요. 241031-0158

1 f l a e → leaf
2 s v a e → vase
3 f l r e o w → flower
4 g h l n s t i u → sunlight

D 그림을 알맞게 표현한 문장에 체크(✓)하세요. 241031-0159

1 ☐ The water is hot. ✓ I need water.
2 ☐ I can't move the pot. ✓ I can't move the stone.

E 우리말과 같은 뜻이 되도록 단어 카드를 배열하여 문장을 완성하세요. 241031-0160

1 air. / get / Let's / fresh
Let's get fresh air. 신선한 공기를 마시자.

2 the / tree. / is / A / monkey / climbing
A monkey is climbing the tree. 원숭이가 나무에 올라가고 있어.

Let's Learn More 추가로 알아 두면 좋은 단어를 살펴봐요!

flour vs. flower role vs. roll

엄마가 펭수에게 꽃을 건네달라고 하셔서 펭수가 드렸더니 엄마는 밀가루를 가리키고 있네요. 밀가루와 꽃은 발음은 같지만 다른 단어에요. 밀가루는 flour이고, 꽃은 flower에요. 또한 역할을 뜻하는 role과 구르다를 의미하는 roll도 발음은 같지만 다른 단어랍니다.

· Mix the ___flour___ with the milk. 밀가루를 우유와 섞어라.
· The actress is my ___role___ model. 그 배우는 나의 역할 모델이야.

184 DAY 28

I Love Green Trees 185

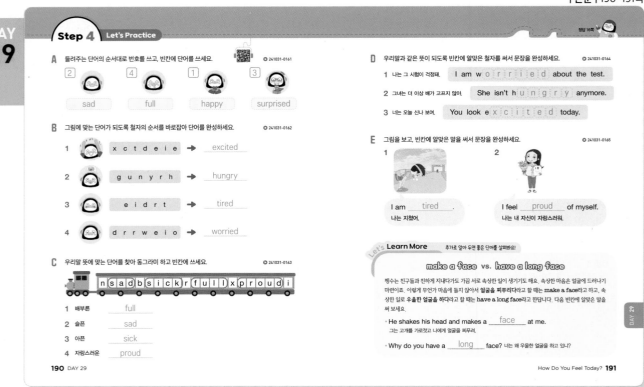

Step 4 Let's Practice

A 들려주는 단어의 순서대로 번호를 쓰고, 빈칸에 단어를 쓰세요. 241031-0161

2 sad 4 full 1 happy 3 surprised

B 그림에 맞는 단어가 되도록 철자의 순서를 바로잡아 단어를 완성하세요. 241031-0162

1 x c t d e i e → excited
2 g u n y r h → hungry
3 e i d r t → tired
4 d r r w e i o → worried

C 우리말 뜻에 맞는 단어를 찾아 동그라미 하고 빈칸에 쓰세요. 241031-0163

n s a d b s i c k r f u l l x p r o u d i

1 배부른 full
2 슬픈 sad
3 아픈 sick
4 자랑스러운 proud

D 우리말과 같은 뜻이 되도록 빈칸에 알맞은 철자를 써서 문장을 완성하세요. 241031-0164

1 나는 그 시험이 걱정돼. I am w o r r i e d about the test.
2 그녀는 더 이상 배가 고프지 않아. She isn't h u n g r y anymore.
3 너는 오늘 신나 보여. You look e x c i t e d today.

E 그림을 보고, 빈칸에 알맞은 말을 써서 문장을 완성하세요. 241031-0165

1 I am ___tired___ . 나는 지쳤어.
2 I feel ___proud___ of myself. 나는 내 자신이 자랑스러워.

Let's Learn More 추가로 알아 두면 좋은 단어를 살펴봐요!

make a face vs. have a long face

펭수는 친구들과 친하게 지내다가도 가끔 속상한 일이 생기기도 해요. 속상한 마음은 얼굴에 드러나기 마련이죠. 이렇게 무언가 마음에 들지 않아서 얼굴을 찌푸리다라고 할 때는 make a face라고 하고, 속상한 일로 우울한 얼굴을 하다라고 할 때는 have a long face라고 한답니다. 다음 빈칸에 알맞은 말을 써 보세요.

· He shakes his head and makes a ___face___ at me.
  그는 고개를 가로젓고 나에게 얼굴을 찌푸려.
· Why do you have a ___long___ face? 너는 왜 우울한 얼굴을 하고 있니?

190 DAY 29

How Do You Feel Today? 191